Fabian Brand

Meine Seele preist die Größe des Herrn

Fabian Brand

Meine Seele preist die Größe des Herrn

Marienandachten

kbw bibelwerk

Umschlaggestaltung: Finken & Bumiller, Stuttgart
Layout und Satz: wunderlichundweigand, Schwäbisch Hall
Druck: Finidr s.r.o., Lípová 1965,
737 01 Český Těšín, Czech Republic
Verlag: Verlag Katholisches Bibelwerk GmbH,
Silberburgstraße 121, 70176 Stuttgart

www.bibelwerk.de
ISBN 978-3-460-25522-7

Inhalt

MARIENANDACHTEN

1. Im Advent: »Ein Bote kommt, der Heil verheißt …« **10**

2. In der Weihnachtszeit: Maria, die mit Josef verlobt war **18**

3. In der Fastenzeit: Maria unter dem Kreuz ihres Sohnes **25**

4. In der Osterzeit: Die Freude Marias über die Auferstehung Jesu **33**

5. Maiandacht: »Der Frühling des Heils« **40**

6. Maiandacht: »Was er euch sagt, das tut« **52**

7. Der zwölfjährige Jesus im Tempel **61**

8. Wer ist meine Mutter? **69**

9. Das Magnificat **78**

10. Maria und ihr Kind **86**

ROSENKRANZANDACHTEN

11. Zum freudenreichen Rosenkranz **96**

12. Zum glorreichen Rosenkranz **106**

13. Zum lichtreichen Rosenkranz **115**

14. Zum schmerzhaften Rosenkranz **124**

15. Zum trostreichen Rosenkranz **133**

Hinführung

In seinem Apostolischen Schreiben »Rosarium virginis Mariae« über den Rosenkranz hat Papst Johannes Paul II. im Jahr 2002 das Folgende geschrieben: »*Maria lebt mit den Augen auf Christus gerichtet und macht sich jedes seiner Worte zu eigen: ›Sie bewahrte alles, was geschehen war, in ihrem Herzen und dachte darüber nach‹ (Lk 2,19, vgl. 2,51). Die Erinnerungen an Jesus, die sich ihrer Seele einprägten, haben sie in allen Umständen begleitet, indem sie die verschiedenen Momente ihres Lebens, die sie an der Seite Jesu verbrachte, in Gedanken nochmals durchlief. Diese Erinnerungen bildeten, in gewisser Weise, den ›Rosenkranz‹, den sie selbst unaufhörlich in den Tagen ihres irdischen Lebens wiederholte.*«

Die Verehrung der Gottesmutter Maria hat im Christentum eine uralte Tradition. Schon immer haben die Gläubigen nicht nur zu Gott gebetet, sondern auch Maria um ihre Fürsprache an Gottes Thron angerufen. Maria ist ganz Mensch wie wir, sie ist eine von uns. Gott hat sie in seinen Dienst berufen und sie hat ihr Ja gegeben. Das macht Maria für uns so sympathisch: Denn Gott ruft auch uns Menschen immer wieder und wir müssen uns entscheiden, so wie Maria es getan hat, in seinen Plan einzuwilligen. Maria ist aber auch mehr: Sie lebt schon vollendet in Gottes Herrlichkeit, in die sie ihr Sohn Jesus Christus aufgenommen und erhöht hat. Deshalb ist sie unsere Fürsprecherin bei Gott.

Wenn wir mit Maria beten, dann betrachten wir zusammen mit ihr Jesus Christus, ihren Sohn. Mit ihr blicken wir auf sein Leben, mit ihr hören wir auf sein Wort und denken mit ihr darüber nach. »Maria lebt mit den Augen auf Christus gerichtet«, so schreibt Johannes Paul II. Deshalb betrachten wir nicht in erster Linie das Leben Marias, sondern wir blicken mit ihrem Leben auf Christus. Denn in ihm ist Gott uns Menschen ganz nahe gekommen.

Im vorliegenden Buch finden sich unterschiedliche Andachtsmodelle, die zum gemeinsamen Gebet einladen und anregen wollen. Neben den Marienandachten für die geprägten Zeiten des Kirchenjahres finden sich zahlreiche andere Andachtsmodelle, die im Laufe des Jahres zu unterschiedlichen Anlässen eingesetzt werden können. Thematisch orientieren sie sich an dem, was uns die Evangelien über Jesus und Maria überliefern. Es sind »biblische Andachten«, weil sie sich in besonderer Weise am Wort Gottes ausrichten und einladen, es nachdenkend zu vertiefen. In der Haltung des hörenden Nachdenkens ist man ganz nahe an Maria, von der es im Evangelium heißt, dass sie Jesu Wort im Herzen bewahrte und es erwog. Die hier vorliegenden Andachtsmodelle orientieren sich an diesem Beispiel Marias.

Die hier abgedruckten Gottesdienstvorschläge lassen sich ohne große Vorbereitung in der Gemeinde verwenden. Sie sind durchweg so konzipiert, dass sie auch Laien ermöglichen, eine Marienandacht vorzubereiten und ihr vorzustehen. Alle biblischen und liturgischen Texte sind an Ort und Stelle abgedruckt und können ohne größere Anpassungen eingesetzt werden.

Lichtenfels, am Hochfest des heiligen Josef
19. März 2019

Fabian Brand

Marien-andachten

Im Advent
»Ein Bote kommt, der Heil verheißt ...«

Im Advent
»Ein Bote kommt, der Heil verheißt ...«

Lied: *z.B. GL 528 (Ein Bote kommt, der Heil verheißt)*

V Im Namen des Vaters und des Sohnes und des Heiligen Geistes.
A Amen.

V In dieser Adventszeit blicken wir besonders auf Maria: Sie hat den Ruf des Engels erhalten, Mutter des Herrn zu werden. Mit ihrem Ja hat sie eingewilligt in den göttlichen Plan, sie hat ihr ganzes Leben in die Hand Gottes gelegt. Wir blicken auf Maria: Sie trägt das Kind unter ihrem Herzen, der Heiland der Welt ist verborgen in ihrem Leib. Mit Maria gehen wir auf Weihnachten zu. Mit Maria glauben wir, dass das Licht der Welt alle Dunkelheit vertreibt. Mit Maria vertrauen wir, dass Gott kommt, um sein Volk zu erlösen. Mit Maria hoffen wir, dass Gott auch uns zum Leben beruft und uns seine Gnade schenkt.

Stille

V Wir wollen beten: Herr Jesus Christus, in diesen Tagen warten wir auf deine Ankunft in unserer Welt. Wir bereiten uns auf Weihnachten vor, wir freuen uns auf das Fest deiner Geburt. Wir blicken auf deine Mutter, die für uns zum Anbeginn des Heiles geworden ist. Dich bitten wir, Herr Jesus: Gib uns die Kraft, zu glauben wie deine Mutter. Gib uns den Mut, zu vertrauen wie deine Mutter. Gib uns die Zuversicht zu hoffen wie deine Mutter. Dann können wir Weihnachten feiern und dich mit Freude in unser Herz aufnehmen.

A Amen.

Lied: *z.B. GL 218 (Macht hoch die Tür)*

L Der Anfang von Weihnachten ist die Begegnung des Engels mit Maria. Als sie die Botschaft Gottes vernimmt und in seinen Plan einwilligt, beginnt seine Menschwerdung. Gott kommt uns entgegen, er ruft uns in seinen Dienst. Und er lässt uns Menschen die Freiheit der Zustimmung. Wir können uns für oder gegen seinen Ruf entscheiden. Gott respektiert unseren Willen und unterdrückt ihn nicht.

Stille

Wir wollen auf die Worte aus dem Lukasevangelium hören, die uns vom Besuch des Engels bei Maria erzählen:
Im sechsten Monat wurde der Engel Gabriel von Gott in eine Stadt in Galiläa namens Nazaret zu einer Jungfrau gesandt. Sie war mit einem Mann namens Josef verlobt, der aus dem Haus David stammte. Der Name der Jungfrau war Maria. Der Engel trat bei ihr ein und sagte: Sei gegrüßt, du Begnadete, der Herr ist mit dir. Sie erschrak über die Anrede und überlegte, was dieser Gruß zu bedeuten habe. Da sagte der Engel zu ihr: Fürchte dich nicht, Maria; denn du hast bei Gott Gnade gefunden. Siehe, du wirst schwanger werden und einen Sohn wirst du gebären; dem sollst du den Namen Jesus geben. Er wird groß sein und Sohn des Höchsten genannt werden. Gott, der Herr, wird ihm den Thron seines Vaters David geben. Er wird über das Haus Jakob in Ewigkeit herrschen und seine Herrschaft wird kein Ende haben. Maria sagte zu dem

Engel: Wie soll das geschehen, da ich keinen Mann erkenne? Der Engel antwortete ihr: Heiliger Geist wird über dich kommen und Kraft des Höchsten wird dich überschatten. Deshalb wird auch das Kind heilig und Sohn Gottes genannt werden. Siehe, auch Elisabet, deine Verwandte, hat noch in ihrem Alter einen Sohn empfangen; obwohl sie als unfruchtbar gilt, ist sie schon im sechsten Monat. Denn für Gott ist nichts unmöglich. Da sagte Maria: Siehe, ich bin die Magd des Herrn; mir geschehe, wie du es gesagt hast. Danach verließ sie der Engel.
(Lk 1,26–38)

Lied: *z.B. GL 530 (Maria, Mutter unsres Herrn)*

Impuls für eine Betrachtung

Glockenläuten – Dreimal am Tag beginnen die Glocken zu läuten und klingen gut vernehmbar weit über die Häuser des Dorfes, über die Felder und den angrenzenden Wald. Morgens um sechs Uhr, mittags um Zwölf und abends je nach Jahreszeit zwischen achtzehn und zwanzig Uhr setzt sich die Glocke im Kirchturm in Bewegung. Das Glockenläuten gehört in vielen Städten und Dörfern ganz selbstverständlich dazu. Und erst über die Kartage, wenn die Glocken sprichwörtlich nach Rom geflogen sind und deshalb schweigen, merkt man, dass irgendetwas fehlt.

Das dreimalige Glockenläuten ist mit einer Gebetseinladung verbunden. Der Glockenklang ist gleichsam eine Erinnerung, kurz innezuhalten und ein kleines Gebet zu sprechen. Christinnen und Christen sind dreimal täglich aufgerufen, den sogenannten »Angelus« oder »Engel des Herrn« zu beten. Das ist ein sehr altes Gebet, das an die Verkündigung an Maria und an die Menschwerdung Christi erinnert. Gleich dreimal am Tag ist man eingeladen, die Worte zu sprechen: »Und das Wort ist Fleisch geworden und hat unter uns gewohnt«.

Manchen mag das Glockenläuten störend erscheinen. Nicht wenige Beschwerden gab es schon, die Glocken nicht mehr läuten zu lassen. Doch gerade das dreimalige Angelus-Läuten am Tag ist eine schöne und wichtige Erinnerung: Gott ist Mensch geworden. Das Geheimnis unseres Glaubens schlechthin wird uns mehrmals täglich vor Augen gestellt: Gott ist Mensch geworden. Das macht uns das Gebet des »Engel des Herrn« bewusst. Das Glockenläuten ruft uns auf, daran zu denken.

In früheren Zeiten war es selbstverständlich, beim Angelus-Läuten die Arbeit für einen Moment ruhen zu lassen und einen Augenblick im Gebet zu verharren. Vielleicht ist das auch eine schöne Geste für uns Menschen heute: Für einen kurzen Moment den Alltag zu vergessen und an die große Liebe Gottes zu denken, die uns durch dieses Leben trägt. An die unendliche Liebe Gottes, der seinen Sohn in diese Welt sendet, um sie zu retten und um uns Menschen zum Leben zu führen.

»Die kürzeste Definition von Religion heißt Unterbrechung«, hat der Theologe Johann Baptist Metz einmal gesagt. Das Läuten der Glocken lädt uns ein, innezuhalten, aufzumerken, uns an das große Geheimnis der Menschwerdung unseres Gottes zu erinnern. Vielleicht muss man nicht einmal den ganzen »Engel des Herrn« beten. Vielleicht reicht es schon, sich bewusst zu machen, dass man in Gottes Gegenwart lebt, dass seine Liebe größer ist als unser menschliches Tun, dass er es ist, der unser Leben kennt und führt. Dreimal täglich lädt uns das Glockenläuten zu dieser Alltagsunterbrechung ein. Eine Einladung, die man immer wieder gerne annehmen sollte!

Lied: *z.B. GL 537 (Ave Maria, gratia plena)*

V Gott, du berufst Maria in deinen Dienst. Für uns ist sie in der Geburt deines Sohnes zum Anbeginn des Heils geworden. – Wir loben dich.

A Wir preisen dich.

V Gott, du nimmst Maria Ernst, du lässt ihr die Freiheit der Entscheidung. Du bist ein Gott, der uns Menschen groß macht und uns so annimmt, wie wir sind. – Wir loben dich.

A Wir preisen dich.

V Gott, du willst Mensch werden in unserer Welt. Nicht, weil du selbst davon einen Vorteil hättest. Du willst Mensch werden, um uns ganz nahe zu sein, um uns deine Liebe auf eine einmalige Weise zu zeigen. – Wir loben dich.

A Wir preisen dich.

V Gott, du kommst in unsere Welt, damit wir in dir das Leben haben. In deinem Sohn Jesus gehst du in den Tod hinein, damit wir leben können. – Wir loben dich.

A Wir preisen dich.

V Gott, dass du uns die Bereitschaft schenkst, zu deinem Plan Ja zu sagen,

A bitten wir dich.

V Gott, dass du uns die Gnade gewährst, alle Tage in deiner liebenden Gegenwart zu leben,

A bitten wir dich.

V Gott, dass du uns mit deiner Liebe umfängst, unsere Lebenswege leitest und uns geborgen hältst in deiner Hand,

A bitten wir dich.

V Gott, dass du uns wie Maria in deinen Dienst rufst und uns ganz nahe kommst,

A bitten wir dich.

V Gott, dass du uns nahe kommst, unsere Wege begleitest, in deinem Sohn an unserer Seite stehst,

A bitten wir dich.

V Gütiger Gott, um das alles und noch so vieles, was wir unausgesprochen im Herzen tragen, bitten wir dich. Dir sei Lob und Preis mit deinem Sohn im Heiligen Geist in alle Ewigkeit.

A Amen.

V Wir wollen beten, wie Jesus uns zu beten gelehrt hat:
Vater unser …

V Gott, du bist groß und unbegreiflich ist deine Liebe zu uns Menschen. Du sendest deinen Sohn in die Welt, um sie zu retten und alle Menschen zu dir zu führen. Wir warten in diesen Tagen auf die Ankunft deines Sohnes Jesus mitten unter uns. Wir bitten dich, Gott: Bereite unsere Herzen, damit wir ihn aufnehmen können und damit er in uns eine Wohnung findet, wenn er kommt. Darum bitten wir dich, durch Jesus Christus, deinen Sohn, der in der Einheit des Heiligen Geistes mit dir lebt und herrscht in Ewigkeit.

A Amen.

Lied: *z.B. GL 224 (Maria durch ein Dornwald ging)*

In der Weihnachtszeit
Maria, die mit Josef verlobt war

In der Weihnachtszeit

Maria, die mit Josef verlobt war

Lied: *z.B. GL 243 (Es ist ein Ros entsprungen)*

V Im Namen des Vaters und des Sohnes und des Heiligen Geistes.
A Amen.

V Maria und Josef stehen gemeinsam an der Krippe und betrachten das neugeborene Kind. Dieses Bild begegnet uns in diesen weihnachtlichen Tagen in den Kirchen und in unseren Wohnungen. Maria, Josef und das Kind: Das sind die Hauptpersonen von Weihnachten. Sehr häufig verehren wir daher Maria als Gottesmutter. Sie hat das Kind in ihrem Leib getragen und es in Betlehem geboren. Maria ist aber auch die Verlobte des Josef. Auch er gehört untrennbar zu Weihnachten dazu – auch wenn er eine stille und hintergründige Rolle einnimmt. Blicken wir auf Maria und Josef und überlegen wir, was sie uns heute (in diesen weihnachtlichen Tagen) sagen können.

Stille

V Wir wollen beten: Allmächtiger Gott, du hast uns Maria als Mutter deines Sohnes geschenkt. Durch sie bist du in diese Welt gekommen, um uns den Weg zum Heil zu eröffnen. Maria ist uns Vorbild im Glauben an dich und deine Größe. Maria steht uns zur Seite, sie begleitet uns als liebende Mutter und treusorgende Verlobte. Von ihrem Leben können wir lernen, wie wir Gott Raum schaffen und uns in seine Pläne einfügen. Gott, stärke uns im Glauben an dich und erhalte uns in der Hoffnung auf deine Gegenwart, heute und alle Tage unseres Lebens.

A Amen.

Lied: *z.B. GL 256 (Ich steh an deiner Krippe hier)*

L Als sich herausstellt, dass Maria ein Kind erwartet, möchte sich Josef von seiner Verlobten trennen. Eine allzu menschliche Reaktion schildert uns der Evangelist Matthäus. Auch so viele Männer unserer Tage finden sich in dieser Entscheidung wieder. Aber Josef ist keiner, der sich klammheimlich davonschleicht und Frau und Kind sitzen lässt. Weil Gottes Plan größer ist als menschliches Denken und Handeln fügt er sich ein und gibt sein Ja – ebenso, wie Maria, seine Verlobte, es zuvor getan hat.

Stille

Wir wollen auf die Worte aus dem Matthäusevangelium hören, die uns von den Plänen des Josef und seinem Traum erzählen:
Mit der Geburt Jesu Christi war es so: Maria, seine Mutter, war mit Josef verlobt; noch bevor sie zusammengekommen waren, zeigte sich, dass sie ein Kind erwartete – durch das Wirken des Heiligen Geistes. Josef, ihr Mann, der gerecht war und sie nicht bloßstellen wollte, beschloss, sich in aller Stille von ihr zu trennen. Während er noch darüber nachdachte, siehe, da erschien ihm ein Engel des Herrn im Traum und sagte: Josef, Sohn Davids, fürchte dich nicht, Maria als deine Frau zu dir zu nehmen; denn das Kind, das sie erwartet, ist vom Heiligen Geist. Sie wird einen Sohn gebären; ihm sollst du den Namen Jesus geben; denn er wird sein Volk von

seinen Sünden erlösen. Dies alles ist geschehen, damit sich erfüllte, was der Herr durch den Propheten gesagt hat: Siehe: Die Jungfrau wird empfangen und einen Sohn gebären und sie werden ihm den Namen Immanuel geben, das heißt übersetzt: Gott mit uns. Als Josef erwachte, tat er, was der Engel des Herrn ihm befohlen hatte, und nahm seine Frau zu sich. Er erkannte sie aber nicht, bis sie ihren Sohn gebar. Und er gab ihm den Namen Jesus.
(Mt 1,18–25)

Lied: *z.B. GL 239 (Zu Betlehem geboren)*

Impuls für eine Betrachtung

Von Josef ist kein einziges gesprochenes Wort in den Evangelien überliefert. Eine der wichtigsten Personen im Leben Jesu bleibt stumm. Die Evangelisten lassen ihn nicht zu Wort kommen, obwohl er im Leben des jungen Jesu öfters Erwähnung findet und sicher große Bedeutung für ihn hatte. Und trotzdem darf er nie wirklich sprechen. Umso mehr lohnt es sich, auf das Leben von Josef zu schauen und die wichtigen Charakterzüge zu erkennen, die ihn prägen. Drei Eigenschaften scheinen Josef auszumachen: sein Schweigen, sein Sinn für Gerechtigkeit und seine Arbeit als Handwerker. Mithilfe dieser drei Merkmale, die uns die Evangelien über Josef berichten, wollen wir sein Leben und Wirken betrachten.

Gerade im Schweigen des heiligen Josef liegt seine Stärke. Josef ist kein Mann, der große Worte braucht, und der Reden schwingen muss; er ist keiner, der erst Widerworte gibt, sondern erledigt seine Arbeit ohne Murren. Er ist einer, der da ist, wenn man ihn braucht; einer, der arbeiten kann – mit den Händen und nicht mit dem Mund. Das macht Josef aus.

Josef war ein Gerechter. Im Alten Testament bezeichnet das hebräische Wort »zaddik« einen solchen rechtschaffenen Mann, der Gerechtigkeit übt, der mehr tut als Gottes Gebote verlangen. Josef ist einer, der sich dem Willen Gottes ganz hingibt und der nicht auf sein eigenes Wohlergehen schaut, sondern zuallererst auf seine Mitmenschen und dort Gerechtigkeit übt. Wir alle kennen die Gedanken des heiligen Josef mit denen er gespielt hat: seine plötzlich schwanger gewordene Verlobte Maria zu verlassen und sich eine andere Frau zu suchen; eine, die ihm treu ist. Er will seinen Verletzungen entfliehen, vor dem Gerede der Leute flüchten. Doch weil Gott es anders will, gibt sich Josef diesem Plan hin und stellt sich schützend vor Maria und das Kind.

Josef war durch und durch Handwerker. Als Zimmermann ging er tagtäglich seiner Arbeit nach und sorgte für den Unterhalt der Familie. In den Jugendjahren seines Ziehsohnes war Josef ihm Lehrmeister und lehrte ihn, mit der eigenen Hände Arbeit sein täglich Brot zu verdienen. Die menschliche und handwerkliche Arbeit des heiligen Josef findet in den Evangelien große Beachtung und die Kirche hat ihm sogar einen eigenen Festtag gewidmet: der 1. Mai als Gedenktag Josef des Arbeiters.

Es ist gut, wenn wir zusammen mit Maria auch den heiligen Josef feiern. Er gibt uns viele wichtige Impulse, wie ein christliches Leben in Gesellschaft und Familie gelingen kann. Blicken wir auf sein Leben, orientieren wir uns an seinem Vorbild, dann wird unser ganzes Streben, unser ganzes Dasein hier auf Erden zu einem großen Zeichen der Liebe werden. Oder wie es Papst Leo XIII. bereits im Jahr 1889 in einem Gebet geschrieben hat: »Heiliger Josef, jeden von uns nimm unter deinen beständigen Schutz, damit wir nach deinem Beispiel und mit deiner Hilfe heilig leben, gut sterben und ewige Glückseligkeit im Himmel empfangen.«

Lied: *z.B. GL 530 (Maria, Mutter unsres Herrn)*

V Mit den Worten aus dem 113. Psalm wollen wir in das Lob Gottes, der für uns Mensch geworden ist, einstimmen:
Lobt, ihr Knechte des Herrn, lobt den Namen des Herrn!

A Der Name des Herrn sei gepriesen von nun an bis in Ewigkeit.

V Vom Aufgang der Sonne bis zu ihrem Untergang sei gelobt der Name des Herrn.

A Erhaben ist der Herr über alle Völker, über den Himmeln ist seine Herrlichkeit.

V Wer ist wie der Herr, unser Gott, der wohnt in der Höhe, der hinabschaut in die Tiefe, auf Himmel und Erde?

A Den Geringen richtet er auf aus dem Staub, aus dem Schmutz erhebt er den Armen, um ihn wohnen zu lassen bei den Fürsten, bei den Fürsten seines Volks.

V Die Kinderlose lässt er wohnen im Haus als frohe Mutter von Kindern. Halleluja!

A Ehre sei dem Vater und dem Sohn und dem Heiligen Geist, wie im Anfang, so auch jetzt und allezeit und in Ewigkeit. Amen.

V Mit dem Rosenkranzgesätz »... den du, o Jungfrau, in Betlehem geboren hast« wollen wir das Geheimnis von Weihnachten meditieren. Wir denken dabei besonders auch an den heiligen Josef, der sich um seine Verlobte sorgte und für die Familie ein fürsorglicher Vater war.

Lied: *z.B. GL 527 (Ave Maria zart)*

V Lasst uns gemeinsam beten:

A Unter deinen Schutz und Schirm fliehen wir, heilige Gottesmutter. Verschmähe nicht unser Gebet in unseren Nöten, sondern errette uns jederzeit aus allen Gefahren, o du glorwürdige und gebenedeite Jungfrau, unsere Frau, unsere Mittlerin, unsere Fürsprecherin. Führe uns zu deinem Sohne, empfiehl uns deinem Sohne, stelle uns vor deinem Sohne. Amen.

V Mit seinem Segen begleite uns auf unseren Wegen durch diese Zeit der menschgewordene Gott, der Vater, der Sohn und der Heilige Geist.

A Amen.

Lied: *z.B. GL 238 (O du fröhliche, o du selige)*

In der Fastenzeit
Maria unter dem Kreuz ihres Sohnes

In der Fastenzeit
Maria unter dem Kreuz ihres Sohnes

Lied: *z.B. GL 638 (Nun ist sie da, die rechte Zeit)*

V Im Namen des Vaters und des Sohnes und des Heiligen Geistes.
A Amen.

V Wir kennen ganz unterschiedliche Emotionen aus dem Leben Marias: die Unsicherheit beim Besuch des Engels, die Freude über die Geburt des Sohnes, die Angst um den verlorenen Sohn bei der Wallfahrt nach Jerusalem. Auch Schmerz und Leid prägen das Leben Mariens. Sie muss zusehen, als ihr Sohn ungerecht verurteilt wird und am Kreuz stirbt. »Bei dem Kreuz Jesu standen seine Mutter und die Schwester seiner Mutter« (Joh 19,25): Während die engsten Freunde Jesu fliehen, kann die Mutter nicht weggehen. So gerne sie auch die Augen vor dem Leid verschließen möchte, als Mutter muss sie bei ihrem Sohn bleiben – bis zuletzt. Glaubend und vertrauend blickt sie auf das Kreuz Jesu, so wie sie damals glaubend und vertrauend die Botschaft des Engels angenommen hat.

Stille

V Wir wollen beten: Gott, du hast deinen Sohn Jesus in den Tod gegeben, um die Welt zu erlösen. Einsam und verlassen hat er auf Golgota seinen Geist ausgehaucht. In Maria, seiner Mutter, erkennen wir ein Beispiel, was es heißt, dabeizubleiben, Leid anzunehmen und vor Schmerzen nicht davonzulaufen. Stärke uns in unseren Leiden und lass uns wie Maria aushalten, wenn das Schicksal unausweichlich ist. Darum bitten wir dich durch Christus, unseren Herrn.

A Amen.

Lied: *z.B. GL 294 (O du hochheilig Kreuze)*

L Maria ist die Schmerzensmutter, die vom Leid geprüfte. Hierin wird ihre wahre Größe offenbar: Sie fügt sich nicht nur in den freudigen Tagen in Gottes Plan ein, sie akzeptiert auch das Leiden und Sterben. Nicht nur die Mutterliebe führt sie unter das Kreuz. Sie erinnert sich auch an das Ja, das sie dem Engel vor langer Zeit gegeben hatte. In guten und in schlechten Tagen ist sie die Mutter des Erlösers. Gott aber ist größer als alles Leid und aller Schmerz. Er schenkt Leben im Tod, er wischt die Tränen ab und verwandelt die Klage in übergroße Freude.

Stille

Wir wollen auf die Worte aus dem Johannesevangelium hören, die uns von der Kreuzigung Jesu und seinem Tod erzählen:
Bei dem Kreuz Jesu standen seine Mutter und die Schwester seiner Mutter, Maria, die Frau des Klopas, und Maria von Magdala. Als Jesus die Mutter sah und bei ihr den Jünger, den er liebte, sagte er zur Mutter: Frau, siehe, dein Sohn! Dann sagte er zu dem Jünger: Siehe, deine Mutter! Und von jener Stunde an nahm sie der Jünger zu sich. Danach, da Jesus wusste, dass nun alles vollbracht war, sagte er, damit sich die Schrift erfüllte: Mich dürstet. Ein Gefäß voll Essig stand da.

Sie steckten einen Schwamm voll Essig auf einen Ysopzweig und hielten ihn an seinen Mund. Als Jesus von dem Essig genommen hatte, sprach er: Es ist vollbracht! Und er neigte das Haupt und übergab den Geist.
(Joh 19,25–30)

Lied: *z.B. GL 291 (Holz auf Jesu Schulter)*

Impuls für eine Betrachtung

Wenn wir das Sterben Jesu am Kreuz betrachten, dann ist das von einer eigentümlichen Spannung geprägt. Denn einerseits blicken wir schon aus nach Ostern, wir wissen, was uns nach dem Karfreitag erwartet. Aber andrerseits kennen wir auch den bitteren Abschied Jesu von seinen Jüngern und sein Sterben am Kreuz. Beides gehört untrennbar zusammen: Kreuz und Auferstehung, Trauer und Jubel. Schauen wir auf das Sterben Jesu, dann ist das eine Einladung an uns, das ganze Leben in diesem Spannungsfeld zwischen Kreuz und Auferstehung zu betrachten. Die Leidensgeschichte Jesu zeigt uns, dass wir den Karfreitag nicht isoliert anschauen dürfen, sondern immer nur in Zusammenhang mit Ostern. Wenn wir auf unsere Kreuze blicken, dann können wir zur Auferstehung gelangen und sie zum Leben verwandeln.

Wir wissen nicht, welche Gedanken Maria hatte, als sie unter dem Kreuz stand. Vielleicht war sie von der Zuversicht getragen, dass Gott auch dieses Ereignis zum Guten wenden würde. Vielleicht hat sie jenseits des Kreuzes schon die aufgehende Sonne des Ostermorgens erahnt. Ihre Geschichte mit Gott war von Liebe und Leben getragen. Jetzt, auf Golgota, kann sie nur vertrauend glauben, dass sich im Annehmen des Kreuzes das neue Leben eröffnet.

In unserer Zeit und Gesellschaft gibt es so viele Kreuze. Die Geschichte Jesu lehrt uns, sie nicht isoliert zu betrachten. Wenn wir nur beim Kreuz stehenbleiben, dann erdrückt es uns, dann werden wir damit nicht fertig, dann bleibt es unausweichlich. Kreuze müssen angepackt und angeschaut werden. Man darf sich vor ihnen nicht davonschleichen oder versuchen, sie zu ignorieren. Auch Jesus hat das nicht getan. Er hat sein Kreuz auf sich genommen und es hinauf nach Golgota getragen. Nur so konnte er den Plan Gottes, des Vaters, erfüllen. Nur so konnte er zur Herrlichkeit der Auferstehung gelangen. Und so auch heute: Wenn wir die Welt zur Auferstehung bringen wollen, wenn wir den Menschen zeigen wollen, dass hinter dem Kreuz die Erlösung wartet, dann müssen wir uns mit den Kreuzen auseinandersetzen. Dann müssen wir sie tatkräftig anpacken, dann müssen wir daran arbeiten, dass sie aus unserer Welt verschwinden. Nur so wird Auferstehung durch das Kreuz möglich.

Unser menschliches Leben kommt nicht am Kreuz vorbei. Auch Maria hat es angenommen, sich nicht davongeschlichen, sondern unterm Kreuz auf den gemarterten Sohn geblickt. Zu unserem Leben gehören die Kreuze dazu und wir kommen nur zur Auferstehung, wenn wir uns an den Kreuzen dieser Welt nicht vorbeischleichen. Jetzt, in der Fastenzeit, sind wir besonders aufgefordert, den Blick auf das Kreuz zu richten und durch das Kreuz die Auferstehung zur erlangen. Bleiben wir wie Maria beim Kreuz. Dann können wir die Kreuze in unserer Welt in Leben wandeln, dann erwächst aus der Trauer der österliche Jubel, der nicht mehr endet.

Lied: *z.B. GL 532 (Christi Mutter stand mit Schmerzen)*

V Mit den Worten eines uralten Mariengebetes wollen wir die Gottesmutter grüßen, die unter dem Kreuz auf den sterbenden Sohn geblickt hat. Um ihre Hilfe und ihren Beistand auch in unseren Nöten wollen wir sie bitten.

Jungfrau, Mutter Gottes mein,
lass mich ganz dein eigen sein.
Dein im Leben, dein im Tod,
dein in Unglück, Angst und Not,
dein in Kreuz und bittrem Leid,
dein für Zeit und Ewigkeit.
Jungfrau, Mutter Gottes mein,
lass mich ganz dein eigen sein.

A Mutter, auf dich hoff und baue ich.
Mutter, zu dir ruf und seufze ich,
Mutter, du gütigste, steh mir bei.
Mutter, du mächtigste, Schutz mir leih.
O Mutter, so komm, hilf beten mir.
O Mutter, so komm, hilf streiten mir.
O Mutter, so komm, hilf leiden mir.
O Mutter, so komm, und bleib bei mir.

V Du kannst mir ja helfen, o Mächtigste.
Du willst mir ja helfen, o Gütigste.
Du musst mir nun helfen, o Treueste.
Du wirst mir auch helfen, Barmherzigste.
O Mutter der Gnaden, der Christen Hort,
du Zuflucht der Sünder, des Heiles Port.
Du Hoffnung der Erde, des Himmels Zier,
Du Trost der Betrübten, ihr Schutzpanier.

A Wer hat je umsonst deine Hilf angefleht?
Wann hast du vergessen ein kindlich Gebet?
Drum ruf ich beharrlich in Kreuz und in Leid:
Maria hilft immer, sie hilft jederzeit.
Ich ruf voll Vertrauen in Leiden und Tod:
Maria hilft immer, in jeglicher Not.
So glaub ich und lebe und sterbe darauf,
Maria hilft mir in den Himmel hinauf.

Lied: *z.B. GL 524 (Meerstern, ich dich grüße)*

V Mit dem Rosenkranzgesätz »... Jesus, der für uns gekreuzigt worden ist« wollen wir das Geheimnis des Kreuzes Christi meditieren. Mit Maria bleiben wir beim Kreuz. Zusammen mit ihr blicken wir auf den gekreuzigten Herrn, der von der Erde erhöht alle an sich zieht.

Lied: *z.B. GL 297 (Wir danken dir, Herr Jesu Christ)*

V Lasst uns beten: Allmächtiger Gott, unter dem Kreuz Christi hat Maria großen Glauben bewiesen. Als alle geflüchtet sind, ist sie bei ihrem Sohn geblieben und wurde von ihm noch in der Todesstunde getröstet. Wir bitten dich: Hilf uns, dass wir wie Maria die Kreuze in unserem Leben annehmen und lernen, das Leben hinter dem Leiden zu entdecken. Lass uns wie Maria glauben, dass hinter jedem Karfreitag das österliche Lebenslicht aufstrahlt und alle Finsternis vertreibt. Darum bitten wir durch Christus, unseren Bruder und Herrn.

A Amen.

V Mit seinem Segen begleite uns auf unserem Weg nach Ostern der barmherzige Gott, der Vater, der Sohn und der Heilige Geist.

A Amen.

Lied: *z.B. GL 648 (Du große Herrin, schönste Frau)*

In der Osterzeit
Die Freude Marias über die Auferstehung Jesu

In der Osterzeit
Die Freude Marias über die Auferstehung Jesu

Lied: *z.B. GL 533 (Lasst uns erfreuen herzlich sehr)*

V Im Namen des Vaters und des Sohnes und des Heiligen Geistes.
A Amen.

V In den Evangelien wird uns nichts davon berichtet, dass der auferstandene Herr auch seiner Mutter Maria erschienen wäre. Wir erfahren nicht, ob sie vor Freude in Tränen ausbricht, als er plötzlich in den Kreis der Jünger tritt. Aber wir können uns gut vorstellen, dass es so war. Die starke Beziehung zwischen Jesus und seiner Mutter hat auch über den Tod hinaus bestand. Und so dürfen wir glauben und vertrauen, dass sich der Auferstandene in besonderer Weise seiner Mutter Maria offenbart hat. Zusammen mit den Jüngern war sie voller Freude, dass Jesus auferstanden ist und in der Herrlichkeit Gottes auf ewig lebt.

Stille

V Wir wollen beten: Gott, du schenkst allen Menschen die österliche Freude, die an dich glauben und auf dich vertrauen. Hilf uns, unsere Freude mit den Mitmenschen zu teilen und ihnen das Evangelium von der Auferstehung deines Sohnes zu verkünden. Gib uns den Mut, den auferstandenen Herrn auch in unserem Leben zu suchen und uns beschenken zu lassen von seinem Leben und seiner Liebe. Darum bitten wir dich durch Christus, unseren Herrn.

A Amen.

Lied: *z.B. GL 332 (Die ganze Welt, Herr Jesu Christ)*

L Gottes Güte übertrifft die menschlichen Vorstellungen bei Weitem. Als Maria unter dem Kreuz auf den sterbenden Sohn blickt, hofft sie auf Gottes Eingreifen. Als der auferstandene Herr in den Kreis seiner Jünger tritt und ihnen den Frieden wünscht, weiß sie: Ihre Hoffnung hat sich bestätigt, Gott lässt die Menschen nicht im Stich, er erbarmt sich ihrer Not und wendet sie zur Freude. Wieder einmal bestätigt sich für Maria: Es lohnt sich, auf Gott zu vertrauen und sich ganz und gar in seinen Plan einzufinden. Er führt alles zum Guten und schenkt das Leben – selbst im Tod.

Stille

Wir wollen auf die Worte aus dem Johannesevangelium hören, die uns von der Begegnung der Frauen mit dem auferstandenen Jesus am Ostermorgen erzählen:
Am ersten Tag der Woche kam Maria von Magdala frühmorgens, als es noch dunkel war, zum Grab und sah, dass der Stein vom Grab weggenommen war. Da lief sie schnell zu Simon Petrus und dem anderen Jünger, den Jesus liebte, und sagte zu ihnen: Sie haben den Herrn aus dem Grab weggenommen und wir wissen nicht, wohin sie ihn gelegt haben. Da gingen Petrus und der andere Jünger hinaus und kamen zum Grab; sie liefen beide zusammen, aber weil der andere Jünger schneller war als Petrus, kam er als Erster ans Grab. Er beugte sich vor und sah die Leinenbinden liegen,

ging jedoch nicht hinein. Da kam auch Simon Petrus, der ihm gefolgt war, und ging in das Grab hinein. Er sah die Leinenbinden liegen und das Schweißtuch, das auf dem Haupt Jesu gelegen hatte; es lag aber nicht bei den Leinenbinden, sondern zusammengebunden daneben an einer besonderen Stelle. Da ging auch der andere Jünger, der als Erster an das Grab gekommen war, hinein; er sah und glaubte. Denn sie hatten noch nicht die Schrift verstanden, dass er von den Toten auferstehen müsse. Dann kehrten die Jünger wieder nach Hause zurück.
(Joh 20,1–10)

Lied: *z.B. GL 326 (Wir wollen alle fröhlich sein)*

Impuls für eine Betrachtung

Leben ist das Lebensthema und Leben ist das Thema des Osterfestes, das wir in diesen Tagen feiern. In einer Gesellschaft und Zeit, in der der Tod unumgänglich und allgegenwärtig ist, wächst in uns die Sehnsucht nach Leben; nach einem Leben, das kein Leid und keinen Schmerz mehr kennt, ein Leben, das nicht vom Tod begrenzt ist. In uns allen bohrt diese Sehnsucht nach Leben, wir möchten leben, es darf nicht alles aus sein. Wir tasten über die Grenze des Todes hinaus: Es muss mehr geben!

Wer möchte nicht leben? Die Eltern, die einem Kind das Leben schenkten, die gemeinsame Zukunft in einer Partnerschaft, das Leben als das zentrale Thema.

Wie viele Menschen, die keine Arbeit haben, spüren nicht auch diese Sehnsucht, die Sehnsucht, gebraucht zu werden, wichtig zu sein, ein festes Einkommen zu haben, einen gesicherten Arbeitsplatz? Solche Menschen haben oft zum Leben zu wenig und zum Sterben zu viel. Die Sehnsucht nach einem erfüllten Leben quält und martert sie; keiner von ihnen weiß, wie es in nächster Zeit weitergehen mag.

Wir möchten Leben mit Lebensräumen und nicht Sperrzonen. Überall ist die Sehnsucht nach Leben zu spüren.

Ostern ist das Fest, das der unbändigen Sehnsucht eine Perspektive bereitet. Am offenen Grab Jesu lautet die Botschaft: Und wenn der Stein noch so schwer ist, er wird weggewälzt, ihr werdet leben!

Diese Botschaft ist alles andere als selbstverständlich. Wir müssen uns die Verwirrung und Ratlosigkeit der Jünger deutlich vor Augen halten. Für sie war mit dem Tod Jesu am Karfreitag alles aus und vorbei; alle Perspektiven und Hoffnung waren für sie mit dem letzten Atemzug Jesu am Kreuz erstorben. Sie haben es sich nicht leicht gemacht und einfach gesagt: Halleluja, Jesus lebt! Sie haben mit sich gerungen, geglaubt, sie hätten ein Gespenst gesehen. Am längsten hat bekanntermaßen Thomas gezweifelt. Doch langsam ist auch bei ihm der Glaube gewachsen: Jesus lebt!

Wir dürfen träumen, weil Jesus lebt, weil er nicht im Grab geblieben ist, sondern weil er glorreich vom Tod auferstanden ist. Träumen wir, weil es sich die Jünger nicht leicht gemacht haben mit ihrem Glauben an die Auferstehung des Herrn. Träumen wir, weil sie erkannt haben, dass die Sinnlosigkeit so vieler Tode nicht das Letzte ist, sondern durch Christus die Zukunft verheißen ist. Wir glauben, dass unser Leben stärker ist als alle Tode. Deswegen bekommt alles, in unserem Leben einen Sinn. Deswegen dürfen wir auch in aller Finsternis Perspektiven haben. Deswegen ist Christus vom Tod auferstanden, weil er uns die Sehnsucht nach Leben erfüllen wollte.

Lied: *z.B. GL 323 (Du hast mein Klagen in Tanzen verwandelt)*

V Jesus Christus ist von den Toten auferstanden. Sein österliches Licht erleuchtet auch unser Leben; auch wir erhalten Anteil an der österlichen Freude, die Maria zuteilwurde. Zu Christus, der zur Rechten Gottes erhöht ist, wollen wir in den Anliegen unserer Zeit rufen und beten:

L Auferstandener Herr, wir bitten dich für alle, die hoffnungslos durch dieses Leben gehen und die Mut und Perspektiven verloren haben. –

A Wir bitten dich, erhöre uns.

L Auferstandener Herr, wir bitten dich für unsere Kirche und für alle, die dein Evangelium unermüdlich den Menschen verkünden. – ...

L Auferstandener Herr, wir bitten dich für alle, die Verantwortung tragen in Politik und Gesellschaft und für alle, die sich tatkräftig für den Frieden in unserer Welt einsetzen. – ...

L Auferstandener Herr, wir bitten dich für unsere Kranken, für alle, die Not leiden, für die Einsamen und für alle, die aufgrund ihres Glaubens verfolgt und getötet werden. – ...

L Auferstandener Herr, wir bitten dich für alle unsere Toten, die gestorben sind im Glauben an das ewige Leben. – ...

V Herr Jesus Christus, du hast unser menschliches Leben angenommen, um uns aus unserer Perspektivlosigkeit und Begrenztheit zu erlösen. Dir sei Lob und Preis, Dank und Ehre in alle Ewigkeit.

A Amen.

Lied: *z.B. GL 329 (Das ist der Tag, den Gott gemacht)*

V Mit dem Rosenzkranzgesätz »... Jesus, der von den Toten auferstanden ist« wollen wir auf das Geheimnis von Ostern blicken. Mit Maria freuen wir uns, dass Jesus nicht im Tod geblieben ist, sondern Leiden und Sterben glorreich überwunden hat. Durch sein Ostern hat er unseren Weg bereitet.

Lied: *z.B. GL 328 (Gelobt sei Gott im höchsten Thron)*

V Lasst uns beten: Allmächtiger Gott, wir danken dir, dass du deinen Sohn Jesus aus dem Tod ins Leben, aus der Finsternis ins Licht, vom Sterben zur Auferstehung geführt hast. Hilf uns, dass wir unsere österliche Freude mit anderen Menschen teilen können und mit ihnen auf dem Weg des Glaubens voranschreiten. Darum bitten wir durch Christus, unseren Bruder und Herrn.

A Amen.

V Mit seinem Segen begleite uns durch diese österliche Zeit der treue Gott, der Vater, der Sohn und der Heilige Geist.

A Amen.

Lied: *z.B. GL 525 (Freu dich, du Himmelskönigin)*

Maiandacht »Der Frühling des Heils«

Maiandacht
»Der Frühling des Heils«

Lied: *z.B. GL 531 (Sagt an, wer ist doch diese)*

V Im Namen des Vaters und des Sohnes und des Heiligen Geistes.
A Amen.

V Herr Jesus Christus, wir sind zusammengekommen, um mit Maria auf dein Leben zu blicken und auf dein Wort zu hören. Öffne unsere Herzen, damit wir dir begegnen können. Erfülle uns mit deinem Geist, der uns dich verstehen lässt. Gib uns Ruhe, dass wir bereit sind, dir entgegenzugehen. Herr Jesus Christus, dir sei Ruhm und Preis in Ewigkeit.

A Amen.

Lobpreis
V Treuer Gott, am Anfang hast du die Welt geschaffen und die Menschen mitten hinein in deine Schöpfung gesetzt. Du hast ihnen aufgetragen, für deine Schöpfung Sorge zu tragen, sie zu pflegen, sie zu bebauen. – Wir sehen die bunten Blumen, die grünen Blätter, den Sonnenschein, den Regen. In ihnen erkennen wir deine Größe.

A Wir loben dich, wir preisen dich.

V Barmherziger Gott, Menschen aller Zeiten haben sich von dir abgewandt und versucht, sich ihr Heil selbst zu schaffen. Du bist ihnen immer neu entgegengekommen, hast sie zur Umkehr gerufen, bist ihnen liebend begegnet. – Wir sehen Menschen, die zu dir umkehren und ein neues Leben mit dir wagen. Sie trauen deiner barmherzigen Güte.

A Wir loben dich, wir preisen dich.

V Guter Gott, du hast deinen Heiligen Geist gesandt, der alles mit Leben und Lebendigkeit erfüllt. Er erfüllt uns mit Kraft, er entzündet unsere Herzen, damit wir unseren Mitmenschen in Liebe entgegenkommen. – Wir sehen die lebendige Kraft, von der unsere Schöpfung erfüllt ist, wir begegnen Menschen, die vom Feuer des Heiligen Geistes brennen. Unermüdlich verkünden sie dein Wort.

A Wir loben dich, wir preisen dich.

V Dreifaltiger Gott, wir ehren und verehren dich, wir loben und lobpreisen dich, denn du bist gut zu uns. Du selbst bist das Leben und willst uns Anteil schenken an deiner lebendigen Liebe. Dir gebührt Lob und Ehre durch alle Zeiten. Dir, dem lebensspenden und liebenden Gott.

A Wir loben dich, wir preisen dich.

Lied: *z.B. GL 528 (Ein Bote kommt, der Heil verheißt)*

Schrifttext (2 Kor 5,14–21)

Einer ist für alle gestorben, also sind alle gestorben. Er ist aber für alle gestorben, damit die Lebenden nicht mehr für sich leben, sondern für den, der für sie starb und auferweckt wurde. Also kennen wir von jetzt an niemanden mehr dem Fleische nach; auch wenn wir früher Christus dem Fleische nach gekannt haben, jetzt kennen wir ihn nicht mehr so. Wenn also jemand in Christus ist, dann ist er eine neue Schöpfung: Das Alte ist vergangen, siehe, Neues ist geworden. Aber das alles kommt von Gott, der uns durch Christus mit sich versöhnt und uns den Dienst der Versöhnung aufgetragen hat. Ja, Gott war es, der in Christus die Welt mit sich versöhnt hat, indem er ihnen ihre Verfehlungen nicht anrechnete und unter uns das Wort von der Versöhnung aufgerichtet hat. Wir sind also Gesandte an Christi statt und Gott ist es, der durch uns mahnt. Wir bitten an Christi statt: Lasst euch mit Gott versöhnen! Er hat den, der keine Sünde kannte, für uns zur Sünde gemacht, damit wir in ihm Gerechtigkeit Gottes würden.

Impuls für eine Betrachtung

Manche Marienfeste, die wir im Lauf des Kirchenjahres feiern, haben ihren Ursprung in der Bibel. Wir denken an den Besuch des Engels Gabriel im Haus Mariens in Nazaret oder an die Begegnung zwischen Maria und Elisabet. Andere Marienfeste greifen auf einen natürlichen Umstand in ihrem Leben zurück: ihr Geburtsfest zum Beispiel, ihr Namenstag oder ihr Sterben im Kreis der Apostel. Ganz anders entstanden aber ist die Marienfrömmigkeit, die wir jetzt im Monat Mai begehen. Sie findet ihren Ursprung weder in der Bibel, noch im Leben Mariens.

In diesen Tagen und Wochen verehren wir Maria als „Maienkönigin". Der Monat Mai lädt uns in besonderer Weise ein, Maria zu betrachten und mit ihr zusammen auf Christus zu schauen. Nach den langen und kalten Wintermonaten kommt im Mai der Frühling so richtig zur Geltung. Die Bäume tragen wieder Blätter, ein buntes Blumenmeer ist schon in den meisten Gärten zu bewundern, die ersten Früchte wachsen heran. Das Leben wird wieder lebendig. Mit diesem Frühling, den uns die Natur alljährlich besonders im Monat Mai beschert, können wir auch das Leben Mariens vergleichen: Mit ihr bricht für die Menschheit eine neue Zeit an, eine Zeit, die besonders geprägt ist vom Leben. Maria trägt den Sohn Gottes in ihrem Schoß, sie gebiert ihn, der gekommen ist, um den Menschen das Leben in Fülle zu bringen. Durch ihr gläubiges und vertrauendes Ja konnte durch Maria der „Frühling des Heils" für uns Menschen anbrechen. Was tot und unbeweglich war, wird durch Christus, ihren Sohn, mit neuem Leben erfüllt, erhält in der Kraft des Heiligen Geistes eine neue Dynamik. Nicht Finsternis und Kälte beherrschen unsere Welt, sondern das Licht des Ostermorgens und die Wärme der barmherzigen Liebe. Dieser Frühling ist für uns mit Maria angebrochen.

Wenn wir im Mai auf Maria blicken und ihr Leben betrachten, dann bleibt diese Erfahrung des Frühlings nicht auf einer rein theoretischen Ebene. Wir dürfen selbst – mit Haut und Haaren – das Aufblühen der Natur spüren, die Wärme der Sonne genießen, uns an Blumen und Blüten erfreuen. Die ganze frühlingshafte Natur ist eine Einladung an uns, neu über das Geheimnis nachzudenken, das mit Maria seinen Anfang genommen hat. Im Licht der Osterkerze blicken wir auf Christus, den auferstandenen Herrn, und bekennen uns zu seinem Leben, das er allen schenken will.

Lied: *z.B. GL 527 (Ave Maria zart)*

V Herr, unser Herrscher, wie gewaltig ist dein Name auf der ganzen Erde. *(KV GL 33,1 mit Versen aus Ps 8)*

A Herr, unser Herrscher, wie gewaltig ist dein Name auf der ganzen Erde.

V Herr, unser Herr, wie gewaltig ist dein Name auf der ganzen Erde, der du deine Hoheit gebreitet hast über den Himmel. Aus dem Mund der Kinder und Säuglinge hast du ein Bollwerk errichtet wegen deiner Gegner, um zum Einhalten zu bringen Feind und Rächer.

A Herr, unser Herrscher, wie gewaltig ist dein Name auf der ganzen Erde.

V Seh ich deine Himmel, die Werke deiner Finger, Mond und Sterne, die du befestigt: Was ist der Mensch, dass du seiner gedenkst, des Menschen Kind, dass du dich seiner annimmst?

A Herr, unser Herrscher, wie gewaltig ist dein Name auf der ganzen Erde.

V Du hast ihn nur wenig geringer gemacht als Gott, du hast ihn gekrönt mit Pracht und Herrlichkeit. Du hast ihn als Herrscher eingesetzt über die Werke deiner Hände, alles hast du gelegt unter seine Füße:

A Herr, unser Herrscher, wie gewaltig ist dein Name auf der ganzen Erde.

V Schafe und Rinder, sie alle und auch die wilden Tiere, die Vögel des Himmels und die Fische im Meer, was auf den Pfaden der Meere dahinzieht. Herr, unser Herr, wie gewaltig ist dein Name auf der ganzen Erde!

A Herr, unser Herrscher, wie gewaltig ist dein Name auf der ganzen Erde.

V Ehre sei dem Vater und dem Sohn und dem Heiligen Geist, wie im Anfang, so auch jetzt und alle Zeit und in Ewigkeit.

A Herr, unser Herrscher, wie gewaltig ist dein Name auf der ganzen Erde.

V Wir beten gemeinsam: Gegrüßet seist du, Maria, voll der Gnade …

Lied: *z.B. Groß sein lässt meine Seele den Herrn (GL-Diözesananhänge oder Liederbücher)*

Wechselgebet zu Maria

V/A Siehe, ich bin die Magd des Herrn, mir geschehe nach deinem Wort. *(KV GL 649,4)*

V Maria, du bist die Hörende, die Gottes Wort annimmt und in sich aufnimmt, die uns einlädt zu hören auf das, was ihr Sohn uns sagt.

A Siehe, ich bin die Magd des Herrn, mir geschehe nach deinem Wort.

V Maria, du bist die Glaubende, die sich auf Gottes Plan einlässt und mit ihm zusammen das Leben wagt. Du lädst uns ein, zu glauben an Gottes Treue und Güte, an seine Liebe und Menschenfreundlichkeit.

A Siehe, ich bin die Magd des Herrn, mir geschehe nach deinem Wort.

V Maria, du bist die Hoffende, die selbst am Kreuzweg deines Sohnes dabeisteht, die nicht verzweifelt, sondern glaubt und vertraut, dass Gott alles zum Guten führt. Mit dir dürfen wir hoffen, auch wenn uns die Hoffnungslosigkeit immer wieder übermannt.

A Siehe, ich bin die Magd des Herrn, mir geschehe nach deinem Wort.

V Maria, du bist die Liebende, die sich uns Menschen annimmt, die auf unsere Sorgen, Nöte und Ängste hört, die sie vor den Vater bringt. Mit dir können wir lieben und alle Lieblosigkeiten und allen Hass überwinden.

A Siehe, ich bin die Magd des Herrn, mir geschehe nach deinem Wort.

V Maria, du bist die Suchende, die sich nicht mit oberflächlichen Antworten zufriedengibt, die Menschen mit Gott in Berührung bringen will, weil sie ihn selbst als tragenden Grund ihres Lebens gefunden hat. Mit dir sind wir unterwegs auf dem Weg zum Vater.

A Siehe, ich bin die Magd des Herrn, mir geschehe nach deinem Wort.

V Maria, du bist die Singende, die Worte des Lobes und Dankes findet, die ausspricht, was ihr auf dem Herzen liegt. Mit dir ehren wir den dreifaltigen Gott und singen ihm unser Lebenslied.

A Siehe, ich bin die Magd des Herrn, mir geschehe nach deinem Wort.

V Wir beten gemeinsam: Gegrüßet seist du, Maria, voll der Gnade …

Lied: *z.B. GL 468 (Gott gab uns Atem)*

Wechselgebet für die Schöpfung

V Mitten im Frühling feiern wir Maria und blicken mit ihr zusammen auf Christus. Die Natur zeigt sich in diesen Wochen von ihrer schönsten Seite: Die Blütenpracht erfreut Herz und Gemüt, die Sonnenstrahlen erwecken das Leben in uns, der Regen bringt die Saat zum Wachsen und tränkt den ausgetrockneten Erdboden.

A Wir danken dir, Gott, für das Geschenk der Schöpfung.

V Mitten im Aufblühen der Natur feiern wir den auferstandenen Christus, der uns das neue Leben gebracht hat. Nach dem Winter und seiner Kühle kehren die Jahreszeiten wieder, in denen Gärten, Wälder und Felder übervoll sind von den Früchten der Erde und der menschlichen Arbeit. Die todgeglaubte Schöpfung erwacht zum neuen Leben.

A Wir preisen dich, Gott, für das Geschenk der Schöpfung.

V Mitten in der prachtvollen Blüten- und Blätterwelt denken wir an die Vergänglichkeit der Schöpfung. Dem Klimawandel und dem Blick auf die gequälte Kreatur können wir uns nicht entziehen. Wir leben in einer Zeit, in der wir immer wieder von Unwettern und Naturkatastrophen heimgesucht werden. Die Schöpfung verlangt unsere Mitarbeit und Fürsorge.

A Wir bitten dich, Gott, für das Geschenk der Schöpfung.

V Mitten im Mai verehren wir Maria als die schönste Blume Gottes, die offen und bereit war, Gottes Wort in sich aufzunehmen. Für uns ist sie zum Anbeginn der neuen Schöpfung geworden. Sie ist die neue Eva, mit der das Leben wieder in die Welt gekommen ist. Durch ihr vertrauendes Ja hat sie die Menschheit aus dem Dunkel der Lebensnacht herausgeführt. Ihr Sohn, Jesus Christus, ist das Licht der neuen Welt.

A Wir loben dich, Gott, für das Geschenk der Schöpfung.

V Wir preisen dich, Gott, wir loben dich und danken dir. Du bist groß und hoch erhaben.

A Ehre sei dem Vater, der die Welt geschaffen hat; Ehre sei dem Sohn, der sie erlöst hat; Ehre sei dem Geist, der sie erhält und zur Vollendung führt.

Segen

V Gott segne uns, er begleite uns mit seiner Güte und Treue, seiner Barmherzigkeit und Liebe.

A Gott, segne uns, damit wir selbst gütig sind und die Welt durch unser Wirken liebevoller und barmherziger wird.

V Gott segne uns, er begleite uns mit seiner Fürsorge und seinem Sanftmut, mit seiner Huld und seinem Erbarmen.

A Gott, segne uns, damit wir uns um unsere Mitmenschen sorgen können, ihnen beistehen in ihrer Not, sie trösten in ihrer Trauer.

V Gott segne uns, er begleite uns mit seiner Gerechtigkeit und seinem Frieden, mit seiner Langmut und seiner Heiligkeit.

A Gott, segne uns, damit wir gerecht handeln, wo Menschen ausgebeutet und misshandelt werden, damit wir Frieden stiften, wo Hass und Streit herrschen.

V Auf die Fürsprache der Jungfrau Maria segne uns Gott, der Vater, Gott, der Sohn, Gott, der Heilige Geist.

A Er segne und begleite uns auf allen unseren Lebenswegen und führe uns näher zum Himmel hin.

Lied: *z.B. Maria, Maienkönigin (GL-Diözesananhänge oder Liederbücher)*

Maiandacht
»Was er euch sagt, das tut«

Maiandacht
»Was er euch sagt, das tut«

Lied: *z.B. GL 526 (Alle Tage sing und sage)*

V Im Namen des Vaters und des Sohnes und des Heiligen Geistes.
A Amen.

V »Und die Mutter Jesu war dabei«: So heißt es ganz schlicht am Anfang der Erzählung von der Hochzeit in Kana. Jesus und seine Jünger sind eingeladen, aber auch Maria ist dabei. Und sie ist, so erzählt es uns das Johannesevangelium, nicht nur Statistin, sie nimmt eine bedeutende Rolle ein. Maria ist sensibel für die Sorgen und Nöte der Menschen, sie spürt, dass etwas nicht passt, als der Wein ausgegangen ist. Maria verweist auf Christus: »Was er euch sagt, das tut«, leitet sie die Diener an. Blicken wir mit Maria auf Christus, hören wir auf sein Wort und erkennen wir in ihm den menschgewordenen Gott.

Stille

V Gott, unser Vater, du hast Maria auserwählt, die Mutter deines Sohnes zu werden. Im ersten Augenblick ihres Daseins hat sie deine Gnade erfahren. Sie ist uns Vorbild für unseren eigenen Glaubensweg. Wir preisen dich, dass du auch uns Maria zur Mutter gegeben hast.

A Wir loben dich, wir preisen dich.

V Herr Jesus Christus, du wurdest von Maria geboren, in ihrer Obhut bist du aufgewachsen. An entscheidenden Punkten deines Lebens ist sie dabei. Sie ermahnt uns, auf dich zu hören, um mit dir das Leben zu finden. Wir preisen dich, dass du uns Maria als Vorbild im Glauben gegeben hast.

A Wir loben dich, wir preisen dich.

V Gott Heiliger Geist, du hast Maria begleitet und sie gestärkt, den Weg ihres Sohnes mitzugehen. Mutig willigt sie ein, Mutter des Lebens und Braut Gottes zu werden. Sie zeigt uns, wie auch wir immer wieder auf Gottes Nähe vertrauen sollen. Wir preisen dich, dass du uns Maria als Weggefährtin gegeben hast.

A Wir loben dich, wir preisen dich.

Lied: *z.B. GL 531 (Sagt an, wer ist doch diese)*

L Maria ist dabei, als Jesus sein erstes Zeichen in Kana, in Galiläa, vollbringt. Als treusorgende Mutter steht sie ihrem Sohn zur Seite. Selbst, als sie schroff von ihrem Sohn zurückgewiesen wird, gibt sie nicht auf. Sie ruft die Diener auf zu vertrauen. Zu vertrauen auf Gottes Größe, auf seine Liebe und Nähe. Und sie ermahnt, zu glauben, dass das Fest durch Gottes Eingreifen gerettet wird.

Stille

Wir wollen auf die Worte aus dem Johannesevangelium hören, die uns vom ersten Zeichen Jesu auf der Hochzeit zu Kana erzählen:

Am dritten Tag fand in Kana in Galiläa eine Hochzeit statt und die Mutter Jesu war dabei. Auch Jesus und seine Jünger waren zur Hochzeit eingeladen. Als der Wein ausging, sagte die Mutter Jesu zu ihm: Sie haben keinen Wein mehr. Jesus erwiderte ihr: Was willst du von mir, Frau? Meine Stunde ist noch nicht gekommen. Seine Mutter sagte zu den Dienern: Was er euch sagt, das tut! Es standen dort sechs steinerne Wasserkrüge, wie es der Reinigungssitte der Juden entsprach; jeder fasste ungefähr hundert Liter. Jesus sagte zu den Dienern: Füllt die Krüge mit Wasser! Und sie füllten sie bis zum Rand. Er sagte zu ihnen: Schöpft jetzt und bringt es dem, der für das Festmahl verantwortlich ist! Sie brachten es ihm. Dieser kostete das Wasser, das zu Wein geworden war. Er wusste nicht, woher der Wein kam; die Diener aber, die das Wasser geschöpft hatten, wussten es. Da ließ er den Bräutigam rufen und sagte zu ihm: Jeder setzt zuerst den guten Wein vor und erst, wenn die Gäste zu viel getrunken haben, den weniger guten. Du jedoch hast den guten Wein bis jetzt aufbewahrt. So tat Jesus sein erstes Zeichen, in Kana in Galiläa, und offenbarte seine Herrlichkeit und seine Jünger glaubten an ihn.
(Joh 2,1–11)

Lied: *z.B. Maria Maienkönigin (GL-Diözesananhänge)*

Impuls für eine Betrachtung

»Maria, Maienkönigin, dich will der Mai begrüßen«, heißt es in einem der beliebten und bekannten Marienlieder, die man oft während des »Wonnemonats« singt. Maiandachten prägen diesen Monat. Gerne und häufig versammelt man sich, um vor dem aufwendig geschmückten Marienaltar zu beten und zu singen. Es lohnt sich, gerade im Mai ein bisschen über

Maria und über das, was wir von ihr lernen können, nachzudenken.

Maria zeigt uns, wie ein gutes christliches Leben gelingen kann. Zusammen mit Maria schauen wir auf Christus, zusammen mit ihr glauben wir an Gottes unverbrüchliche Liebe, die er uns zuhöchst in seinem Sohn erwiesen hat. Maria ist uns ein Vorbild im Glauben. Sie ist die erste, die geglaubt und sich ganz und gar Gottes Heilsplan anvertraut hat. Deshalb können wir auf sie blicken und von ihr lernen, was es heißt, ein christliches Leben zu gestalten.

Maria rückt sich nicht selbst in den Mittelpunkt. Sie weiß, dass es nicht um sie geht, sondern um ihren Sohn. Deshalb kann sie bei der Hochzeit zu Kana auch frei heraus die Diener anweisen: »Was er euch sagt, das tut«. Das Wort Christi ist das Entscheidende. Es kommt nicht auf ihr eigenes Wort an, nicht ihr eigenes Wollen steht im Vordergrund, die leeren Krüge können nur wieder voll werden, wenn die Menschen auf Christus hören, wenn sie das tun, was er sagt. Maria verweist auf ihren Sohn. Aufs Neue sagt sie den Menschen, dass sie nicht auf sich selbst und ihr eigenes Geschick vertrauen sollen, sondern sich ganz dem anvertrauen, der alles Werden und Gelingen in seiner Hand hält. Wenn die Diener auf sein Wort hören, wird alles gut. Dann kann das Fest weitergehen, dann muss die fröhliche Stimmung kein abruptes Ende nehmen. Das Wort ihres Sohnes Jesus ist entscheidend, weiß Maria.

Wenn wir in diesem Monat Mai Maria in unseren Kirchen und Familien besonders verehren, dann dürfen wir uns das immer wieder in Erinnerung rufen. Maria steht nicht für sich selbst. Sie nimmt sich selbst nicht zu wichtig. Durch sie und mit ihr dürfen wir auf ihren Sohn blicken, dürfen wir Christus anschauen, der für uns und zu unserem Heil Mensch geworden ist. Maria erinnert uns, bei all dem, wo wir uns selbst zu sehr in den Mittelpunkt rücken und zu gern auf uns selbst hören, uns wieder auf ihn zu konzentrieren. Gutes christliches Leben kann nur gelingen, wenn wir immer wieder auf Christus hören, wenn wir aufmerksam sind für sein Wort, wenn wir so handeln, wie er es uns aufträgt. Maria weist uns darauf hin. Sie erinnert uns daran, wenn wir es allzu oft vergessen oder verdrängen. In diesem Monat Mai legt sie es uns wieder besonders ans Herz: »Was er euch sagt, das tut.«

Lied: *z.B. GL 523 (O Maria sei gegrüßt)*

V Sei gegrüßt, Maria, voll der Gnade. Der Herr ist mit dir.
(KV GL 649,1, mit Versen aus Psalm 45)

A Sei gegrüßt, Maria, voll der Gnade. Der Herr ist mit dir.

V Mein Herz fließt über von einem guten Wort. Ich trage mein Werk dem König vor. Meine Zunge gleicht dem Griffel des flinken Schreibers. Du bist der Schönste von allen Menschen, Anmut ist ausgegossen über deine Lippen; darum hat Gott dich für immer gesegnet.

A Sei gegrüßt, Maria, voll der Gnade. Der Herr ist mit dir.

V Gürte, du Held, dein Schwert um die Hüfte! O deine Pracht und Hoheit! In deiner Hoheit habe Erfolg, kämpfe für die Wahrheit und für die gebeugte Gerechtigkeit! Furcht gebietende Taten soll deine Rechte dich lehren.

A Sei gegrüßt, Maria, voll der Gnade. Der Herr ist mit dir.

V Du liebst das Recht und hasst das Unrecht, darum hat Gott, dein Gott, dich gesalbt mit dem Öl der Freude wie keinen deiner Gefährten. Von Myrrhe, Aloe und Kassia duften alle deine Gewänder, aus Elfenbeinhallen erfreut dich Saitenspiel. Königstöchter in deinem kostbaren Schmuck, die Gemahlin steht zu deiner Rechten im Glanz von Ofirgold.

A Sei gegrüßt, Maria, voll der Gnade. Der Herr ist mit dir.

V Höre, Tochter, sieh her und neige dein Ohr, vergiss dein Volk und dein Vaterhaus! Der König verlangt nach deiner Schönheit; er ist ja dein Herr, wirf dich vor ihm nieder! Auch die Tochter Tyrus kommt mit Gaben. Deinem Angesicht schmeicheln die Reichen des Volks.

A Sei gegrüßt, Maria, voll der Gnade. Der Herr ist mit dir.

V Alle Herrlichkeit ist drinnen die Tochter des Königs, golddurchwirkt ist ihr Gewand und reich gemustert. Sie wird in bunt gestickten Kleidern zum König geleitet, Jungfrauen sind ihr Gefolge, ihre Freundinnen werden dir zugeführt. Sie werden geleitet mit Freude und Jubel, sie kommen in den Palast des Königs.

A Sei gegrüßt, Maria, voll der Gnade. Der Herr ist mit dir.

Lied: *z.B. GL 384 (Hoch sei gepriesen unser Gott)*

V Herr Jesus Christus, bei der Hochzeit zu Kana hast du deine göttliche Herrlichkeit offenbart. Dich, den Urheber und Vollender unseres Glaubens, bitten wir vereint mit Maria:

L Öffne die Augen der Menschen, dass sie die Not der Welt nicht übersehen und sensibel sind für die Anliegen der Gesellschaft. – Herr Jesus Christus:

A Erhöre unsere Bitten.

L Gib uns den Mut, wie Maria zu glauben und auf dein lebensspendendes Wort zu vertrauen. – Herr Jesus Christus: …

L Erfülle uns mit der Bereitschaft, dir nachzufolgen und in dir das Leben in Fülle zu finden. – Herr Jesus Christus: …

L Schenke uns den Mut, wie die Diener deinem Auftrag zu folgen und ganz Ohr zu sein für die Worte, die du zu uns sprichst. – Herr Jesus Christus: …

L Lass die Menschen, die auf dich vertrauen und dein Wort immer neu hören, deine Nähe erfahren und umfange sie mit deiner Liebe. – Herr Jesus Christus: …

V Du, Herr Jesus, kennst die Not der Menschen und kannst alles zum Guten führen. Du schenkst Freude, wenn wir alle Perspektiven verloren haben, du bist an unserer Seite, wenn wir uns einsam und verlassen fühlen. Dir sei Lob und Dank in Ewigkeit.

A Amen.

V Miteinander und füreinander wollen wir beten, wie Jesus, unser Herr, uns zu beten gelehrt hat: Vater unser …

V Lasset uns beten. – Herr Jesus Christus, du bist in die Welt gekommen, um uns Menschen mit dem Vater zu versöhnen. Du hast unsere Not geteilt und unsere Sorgen mitgetragen. Maria, deine Mutter, hast du uns zur Fürsprecherin gegeben. Auf ihr Drängen wirkst du in Kana dein erstes Zeichen. Gib, dass jeder, der mit seinen Anliegen zu dir kommt, auf ihre Fürsprache das Heil erlangt, das du für uns alle bereitet hast. Darum bitten wir dich, der du mit Gott, dem Vater, in der Einheit des Heiligen Geistes lebst und herrschst in alle Ewigkeit.

A Amen.

V Auf die Fürsprache der seligen Jungfrau Maria segne, begleite und beschütze uns der dreifaltige Gott: der Vater und der Sohn und der Heilige Geist.

A Amen.

Der zwölfjährige Jesus im Tempel

Der zwölfjährige Jesus im Tempel

Lied: *z.B. GL 537 (Ave Maria, gratia plena)*

Eröffnungspsalm (Ps 24)
KV Christus, den Sohn Mariens – kommt, wir beten ihn an!

Dem Herrn gehört die Erde und was sie erfüllt, *
der Erdkreis und seine Bewohner.
Denn er hat ihn auf Meere gegründet, *
ihn über Strömen befestigt. – KV

Wer darf hinaufziehn zum Berg des Herrn, *
wer darf stehn an seiner heiligen Stätte?
Der unschuldige Hände hat und ein reines Herz, *
der seine Seele nicht an Nichtiges hängt
und keinen trügerischen Eid geschworen hat. – KV

Er wird Segen empfangen vom Herrn *
und Gerechtigkeit vom Gott seines Heils.
Das ist das Geschlecht, das nach ihm fragt, *
die dein Angesicht suchen, Jakob. – KV

Ihr Tore, hebt eure Häupter, hebt euch, ihr uralten Pforten, *
denn es kommt der König der Herrlichkeit!
Wer ist dieser König der Herrlichkeit? *
Der Herr, stark und gewaltig, der Herr, im Kampf gewaltig. – KV

Ihr Tore, hebt eure Häupter, hebt euch, ihr uralten Pforten, * denn es kommt der König der Herrlichkeit!
Wer ist er, dieser König der Herrlichkeit? * Der Herr der Heerscharen: Er ist der König der Herrlichkeit. – KV

Ehre sei dem Vater und dem Sohn und dem Heiligen Geist, * wie im Anfang, so auch jetzt und allezeit und in Ewigkeit. Amen. – KV

Lied: *z.B. 543 (Wohl denen, die da wandeln)*

Gebet

Allmächtiger Gott, kein Mensch kann dich begreifen, deine Pläne bleiben uns verborgen. Nach deinem göttlichen Ratschluss hast du Jesus, deinen Sohn, in diese Welt gesandt, um uns Menschen immer mehr mit dir zu verbinden. Wir aber tun uns schwer, Jesus zu verstehen. Schon Maria und Josef mussten erfahren, dass unser Planen und Überlegen immer wieder von dir durchkreuzt wird. Hilf uns, dass wir versuchen, in deinem Licht unser Leben zu verstehen und die Rätsel des Alltags auszudeuten. Erfülle uns mit deinem Geist, der uns in die Wahrheit führt und uns immer enger mit dir verbindet. Darum bitten wir dich durch Christus, unseren Bruder und Herrn. Amen.

Lesung (Lk 2,41–51)

Die Eltern Jesu gingen jedes Jahr zum Paschafest nach Jerusalem. Als er zwölf Jahre alt geworden war, zogen sie wieder hinauf, wie es dem Festbrauch entsprach. Nachdem die Festtage zu Ende waren, machten sie sich auf den Heimweg. Der Knabe Jesus aber blieb in Jerusalem, ohne dass seine Eltern es merkten. Sie meinten, er sei in der Pilgergruppe, und reisten eine Tagesstrecke weit; dann suchten sie ihn bei den Verwandten und Bekannten. Als sie ihn nicht fanden, kehrten sie nach Jerusalem zurück und suchten nach ihm. Da geschah es, nach drei Tagen fanden sie ihn im Tempel; er saß mitten unter den Lehrern, hörte ihnen zu und stellte Fragen. Alle, die ihn hörten, waren erstaunt über sein Verständnis und über seine Antworten. Als seine Eltern ihn sahen, waren sie voll Staunen und seine Mutter sagte zu ihm: Kind, warum hast du uns das angetan? Siehe, dein Vater und ich haben dich mit Schmerzen gesucht. Da sagte er zu ihnen: Warum habt ihr mich gesucht? Wusstet ihr nicht, dass ich in dem sein muss, was meinem Vater gehört? Doch sie verstanden das Wort nicht, das er zu ihnen gesagt hatte. Dann kehrte er mit ihnen nach Nazaret zurück und war ihnen gehorsam. Seine Mutter bewahrte all die Worte in ihrem Herzen.

Besinnung

»Doch sie verstanden das Wort nicht, das er zu ihnen gesagt hatte«: Maria und Josef verstehen Jesus nicht. Die Geschichte vom zwölfjährigen Jesus im Tempel zeigt, dass auch in der Heiligen Familie der Haussegen gewaltig schief hängen konnte. Eigenmächtig, ohne seine Eltern zu informieren, bleibt Jesus im Tempel zurück. Was er Maria und Josef damit antut, scheint Jesus nicht einkalkuliert zu haben. Der Verlust des Kindes ist schmerzlich. Als Maria und Josef bemerken, dass Jesus nicht mit in der Reisegruppe dabei ist, meinen sie, es ist schon zu spät. Ob sie ihn je wiederfinden werden? Ob er absichtlich oder zufällig vom Weg abgekommen ist? Wo er sich wohl aufhalten mag? Fragen, die sich Eltern stellen, wenn sie ihr Kind vermissen.

Als sie ihn finden, da hat Jesus eine vernünftige Erklärung für sie parat: Er musste doch in dem sein, was seinem Vater gehört. Für Maria und Josef ist das eine Ausrede, die sie nicht verstehen – zumindest nicht auf Anhieb. Jesus verweist auf seine Herkunft und bringt seinen himmlischen Vater ins Spiel. Für ihn ist es logisch, im Tempel zu sein, weil gerade hier sein Vater angebetet und verehrt wird. Ob er eingerechnet hat, dass er mit seinem Verhalten Maria und Josef vor den Kopf stößt? Das freilich lässt der Text offen. Aber die beiden sind sichtlich enttäuscht und beunruhigt. Und die Erklärung, die der Zwölfjährige bringt, überzeugt sie nicht, sondern ruft Unverständnis hervor.

»Doch sie verstanden das Wort nicht, das er zu ihnen gesagt hatte«: Wie Maria und Josef ist es damals vielen Menschen ergangen. Sie haben Jesus nicht verstanden. Sie konnten seinen Gedanken nicht folgen, sie haben nicht begriffen, was der Kern seiner Botschaft ist. Auch heute sagen immer mehr Menschen, dass sie Jesus nicht verstehen. Deshalb kehren sie ihm den Rücken zu, distanzieren sich von ihm, weil sie mit ihm und seiner Botschaft nichts am Hut haben.

Maria versteht nicht, warum Jesus im Tempel zurückbleiben musste. Er erklärt es ihr auch nicht. Die Antwort des Sohnes bleibt für die Mutter unverständlich. Doch Maria wendet sich nicht von Jesus ab. Sie gibt sich mit seiner plumpen Antwort auch nicht zufrieden. Sie nimmt die Worte auf und bewahrt sie in ihrem Herzen. Das Wort des Sohnes besitzt für Maria einen hohen Stellenwert – auch, wenn sie es nicht sofort versteht. Sie wischt Jesu Worte nicht einfach beiseite oder vergisst sie. Was sie nicht versteht, das nimmt sie ins Herz auf, um es dort zu erwägen, um immer neu darüber nachzudenken. Maria ist die Nachdenkliche, die uns zeigt, wie man mit Jesu Wort umgehen soll. Gerade wenn es Unverständnis hervorruft, ist es ein Anlass, sich immer mehr mit ihm auseinanderzusetzen. Maria hütet Jesu Worte. Sie bewahrt sie und denkt darüber nach. Das sollen auch wir tun: Auf die Worte Jesu hören, sie durchdenken und überlegen, was wir damit anfangen können. Aber noch viel entscheidender ist, Jesu Wort ins Herz aufzunehmen, es zu erwägen und zu meditieren und dort zu bewahren. Und das gilt nicht nur, wenn wir meinen, Jesus verstanden zu haben, sondern gerade dann, wenn wir den Sinn seiner Worte nicht auf den ersten Blick erkennen.

Lied: *z.B. GL 395 (Den Herren will ich loben)*

Gebet zu Maria (Jdt 13,18–20)
Meine Tochter, du bist von Gott, dem Allerhöchsten, mehr gesegnet als alle anderen Frauen auf der Erde. Gepriesen sei der Herr, unser Gott, der Himmel und Erde geschaffen hat. (...) Die Erinnerung an dein Vertrauen soll in Ewigkeit nicht aus den Herzen der Menschen entschwinden, die sich an die Macht Gottes erinnern. Gott möge dir ewigen Ruhm schenken und dich reich mit seinem Segen belohnen. Denn in der Not unseres Volkes hast du dein Leben nicht geschont; nein, du hast entschlossen unseren Untergang von uns abgewehrt, du bist vor unserem Gott auf geradem Weg gegangen.

Rosenkranzgesätz
Wir wollen in einem Rosenkranzgesätz die Worte des Lukasevangeliums bedenken und das gehörte Wort in unser Herz aufnehmen.

»Jesus, den du, o Jungfrau, im Tempel wiedergefunden hast«

Lied: *z.B. GL 521 (Maria, dich lieben)*

Wechselgebet (Psalm 122)

V Ich freute mich, als man mir sagte: * Zum Haus des Herrn wollen wir gehen.

A Schon stehen unsere Füße in deinen Toren, Jerusalem: * Jerusalem, als Stadt erbaut, die fest in sich gefügt ist.

V Dorthin zogen die Stämme hinauf, die Stämme des Herrn, wie es Gebot ist für Israel, * den Namen des Herrn zu preisen.

A Denn dort standen Throne für das Gericht, * die Throne des Hauses David.

V Erbittet Frieden für Jerusalem! * Geborgen seien, die dich lieben.

A Friede sei in deinen Mauern, * Geborgenheit in deinen Häusern!

V Wegen meiner Brüder und meiner Freunde * will ich sagen: In dir sei Friede.

A Wegen des Hauses des Herrn, unseres Gottes, * will ich dir Glück erflehen.

V Ehre sei dem Vater und dem Sohn * und dem Heiligen Geist.

A Wie im Anfang so auch jetzt und allezeit * und in Ewigkeit. Amen.

Fürbitten

Lasst uns beten zu unserem Herrn Jesus Christus. In ihm strahlt uns das Licht der göttlichen Herrlichkeit auf, er ist der Weg zum Leben, die Liebe, die uns umfängt. In den Anliegen unserer Zeit rufen wir zu ihm:

Wir beten für alle Menschen, die im Dienst des Evangelium stehen und dein Wort verkünden. – Christus, unsere Zuversicht: Wir bitten dich, erhöre uns.

Wir beten für alle Menschen, die sich von dir abwenden, weil sie dein Wort nicht verstehen. – Christus, unsere Zuversicht: …

Wir beten für alle Menschen, die sich tagtäglich dafür einsetzen, dass dein Wort mit Leben erfüllt wird. – Christus, unsere Zuversicht: …

Wir beten für alle Menschen, die auf der Suche sind nach dir und dich noch nicht gefunden haben. – Christus, unsere Zuversicht: …

Herr Jesus Christus, du bist der Erstgeborene der Schöpfung, dir sei Lob und Ehre in alle Ewigkeit.

Vaterunser
Miteinander wollen wir das Gebet sprechen, das Jesus selbst uns gelehrt hat: Vater unser …

Gebet
Barmherziger Gott, du kennst uns Menschen und weißt um unsere Unzulänglichkeit. Wir bitten dich: Höre auf die Fürsprache der seligen Jungfrau Maria und führe uns auf dem Weg deines Sohnes zum ewigen Leben. Bewahre uns vor allen Gefahren und schenke uns deine Nähe. Darum bitten wir dich durch Christus, unseren Herrn.

Lied: *z.B. GL 534 (Maria, breit den Mantel aus)*

Wer ist meine Mutter?

Wer ist meine Mutter?

Lied: *z.B. GL 531 (Sagt an, wer ist doch diese)*

Eröffnungspsalm (Ps 95)
KV Aufgenommen in den Himmel ist die Jungfrau Maria;
kommt, wir beten ihren Sohn an, den König der Könige!

Kommt, lasst uns jubeln dem Herrn, *
jauchzen dem Fels unsres Heils!
Lasst uns mit Dank seinem Angesicht nahen, *
ihm jauchzen mit Liedern! – KV

Denn ein großer Gott ist der Herr, *
ein großer König über allen Göttern.
In seiner Hand sind die Tiefen der Erde, *
sein sind die Gipfel der Berge. – KV

Sein ist das Meer, das er gemacht hat, *
das trockene Land, das seine Hände gebildet.
Kommt, wir wollen uns niederwerfen, uns vor ihm verneigen, *
lasst uns niederknien vor dem Herrn, unserem Schöpfer! – KV

Denn er ist unser Gott, wir sind das Volk seiner Weide, *
die Herde, von seiner Hand geführt.
Würdet ihr doch heute auf seine Stimme hören! *
Verhärtet euer Herz nicht wie in Meríba,
wie in der Wüste am Tag von Massa! – KV

Dort haben eure Väter mich versucht, *
sie stellten mich auf die Probe und hatten doch
mein Tun gesehen.

Vierzig Jahre war mir dieses Geschlecht zuwider
und ich sagte: Sie sind ein Volk, dessen Herz in die Irre geht,
sie kennen meine Wege nicht. *
Darum habe ich in meinem Zorn geschworen:
Sie sollen nicht eingehen in meine Ruhe. – KV

Ehre sei dem Vater und dem Sohn und dem Heiligen Geist, *
wie im Anfang so auch jetzt und allezeit und in Ewigkeit.
Amen. – KV

Lied: *z.B. GL 446 (Lass uns in deinem Namen Herr)*

Gebet
Gott, unser Vater, du hast Jesus, deinen Sohn, in die Welt gesendet, um uns Menschen zu retten. Durch die Taufe ist Jesus unser Bruder geworden, zusammen mit ihm dürfen wir dich Vater nennen. Gott, wir bitten dich: Führe uns auf dem Weg, der zu dir führt, stärke in uns die Hoffnung auf das Leben in deiner Herrlichkeit. Und öffne unseren Blick für die Sorgen und Nöte unserer Mitmenschen, denn sie sind unsere Brüder und Schwestern. Darum bitten wir dich durch Jesus, deinen Sohn, der in der Einheit des Heiligen Geistes mit dir lebt und wirkt in alle Ewigkeit.

Lesung (Mt 12,46–50)
Als Jesus noch mit den Leuten redete, siehe, da standen seine Mutter und seine Brüder draußen und wollten mit ihm sprechen. Da sagte jemand zu ihm: Siehe, deine Mutter und deine Brüder stehen draußen und wollen mit dir sprechen. Dem, der ihm das gesagt hatte, erwiderte er: Wer ist meine Mutter und wer sind meine Brüder? Und er streckte die Hand über seine Jünger aus und sagte: Siehe, meine Mutter und meine Brüder. Denn wer den Willen meines himmlischen Vaters tut, der ist für mich Bruder und Schwester und Mutter.

Besinnung
»Wer ist meine Mutter?«, fragt Jesus die Menschen, die sich um ihn versammelt haben. Für sie ist klar: Muttersein bedeutet leibliche Mutterschaft. Wahrscheinlich haben sie im ersten Moment gedacht, Jesus meint Maria, als er ihnen die Frage stellt. Maria aus Nazaret, so wissen sie, hat Jesus geboren. Bei ihr und ihrem Mann Josef ist er aufgewachsen, dort, in der Synagoge von Nazaret hat Jesus auch eine eindrückliche Ansprache gehalten. Und jetzt diese Frage: »Wer ist meine Mutter?« Verwirrung macht sich breit, als Jesus zu erklären beginnt: Verwandtschaft ist keine leibliche Kategorie, sondern eine geistige!

Es bedeutet: Einander zu Schwestern und Brüdern wird man nicht, in dem man einfach in die gleiche Familie geboren wird. Es heißt nicht, gemeinsame Eltern zu haben und gemeinsam in einem Haushalt aufzuwachsen. Zu Geschwistern wird man im Hören auf das Wort Gottes. Wenn man so handelt, wie Jesus es vorgelebt hat, dann begründet das eine Verwandtschaft – untereinander und mit Christus. Mit diesem Beispiel macht Jesus deutlich: In der christlichen Gemeinde gehört man zusammen, man ist aufeinander angewiesen und muss füreinander sorgen.

Auch heute noch werden wir im Gottesdienst als »Schwestern und Brüder« angesprochen. Das ist ein Geschenk, denn wer getauft ist, der wird Teil einer Gemeinschaft. Jeder Getaufte lebt nicht nur für sich selbst, sondern muss immer auch die anderen im Blick haben, die mit ihm zusammen in der christlichen Gemeinde leben. Und andererseits kann man auf die Hilfe und Unterstützung der Geschwister bauen, gerade auch dann, wenn es um Fragen des Glaubens geht.

Das Hören auf Gottes Wort verbindet uns aber nicht nur untereinander – es stiftet auch eine Beziehung zu Christus selbst. Jedem, so sagt es das Evangelium, wird die Chance angeboten, zu Christi Mutter zu werden. »Wer ist meine Mutter?«, sagt Jesus und schiebt die Antwort nach: »Wer den Willen meines himmlischen Vaters tut, der ist für mich Bruder und Schwester und Mutter.« Das heißt: Wir werden zu Brüdern und Schwestern Jesu, wenn wir uns ganz auf Gott einlassen, sein Wort hören und seinen Willen befolgen. Das verbindet uns nicht nur als Gemeinde, das verbindet uns auch mit dem, der uns in seine Nachfolge gerufen hat. So, wie wir in der Taufe zu Schwestern und Brüdern werden, so ist es auch mit Christus.

Lied: *z.B. GL 390 (Magnificat anima mea dominum)*

Gebet zu Maria
Sei gegrüßt, du lichter Meeresstern,
Gottes hohe Mutter,
Jungfrau, die der Höchste sich erwählt,
sel'ges Tor des Himmels.

»Sei gegrüßt«, so sprach des Engels Mund,
»du bist voll der Gnade.«
Dieses Ave wendet Evas Los,
schenkt uns Gottes Frieden.

In das Dunkel unsrer Sündenschuld
Bringe Licht den Blinden,
lass uns Sünder nicht verloren sein,
bitt für uns um Gnade.

Steh uns immerdar als Mutter bei,
dass durch dich uns höre,
der in deinem Schoße Wohnung nahm,
Mensch für uns zu werden.

Du bliebst rein vom Makel jeder Schuld,
Jungfrau ohnegleichen.
Halte fern des bösen Feindes Macht,
dass er uns nicht schade.

Führe sicher unsern Weg ans Ziel,
lenke unsre Schritte,
dass wir einst mit dir in Freude schaun
Christus, unsern König.

Gott dem Vater Lob und Herrlichkeit,
ew'ger Ruhm dem Sohne,
Dank und Lobpreis Gott dem Heil'gen Geist:
Ehre dem Dreieinen. Amen.

Rosenkranzgesätz

Papst Johannes Paul I. hat gesagt: »Der Rosenkranz: ein kurzgefasstes Evangelium, eine im Gebet zusammengefasste Bibel.« So wollen wir gemeinsam im sogenannten »Altenberger Rosenkranz« die Geheimnisse aus dem Leben der Jungfrau Maria betrachten und gemeinsam mit ihr auf Christus, ihren Sohn, unseren Bruder, blicken.

(Jedes Gesätz wird mit einem »Gegrüßet seist du, Maria« verbunden, sodass man mit insgesamt 15 Ave Maria die Geheimnisse des freudenreichen, schmerzhaften und glorreichen Rosenkranz bedenkt.)

Den du, o Jungfrau, vom Heiligen Geist empfangen hast
Den du, o Jungfrau, zu Elisabeth getragen hast
Den du, o Jungfrau, geboren hast
Den du, o Jungfrau, im Tempel aufgeopfert hast
Den du, o Jungfrau, im Tempel wiedergefunden hast

Der für uns Blut geschwitzt hat
Der für uns gegeißelt worden ist
Der für uns mit Dornen gekrönt worden ist
Der für uns das schwere Kreuz getragen hat
Der für uns gekreuzigt worden ist

Der von den Toten auferstanden ist
Der in den Himmel aufgefahren ist
Der uns den Heiligen Geist gesandt hat
Der dich, o Jungfrau, in den Himmel aufgenommen hat
Der dich, o Jungfrau, im Himmel gekrönt hat

Lied: *z.B. GL 521 (Maria, dich lieben)*

Fürbitten
Jesus Christus hat uns berufen, seine Schwestern und Brüder zu werden. Zu ihm, der uns die Vergebung der Sünden geschenkt hat, wollen wir beten und rufen:

Wir beten für alle, die in einem christlichen Elternhaus aufgewachsen sind und von Kindesbeinen an dein Wort hörten. – Herr Jesus Christus: Wir bitten dich, erhöre uns.

Wir beten für alle, die aus eigener oder durch fremde Schuld ihren Glauben verloren haben. – Herr Jesus Christus: …

Wir beten für alle, die noch auf der Suche nach einem tragenden Grund für ihr Leben sind und die noch nicht zum Glauben gefunden haben. – Herr Jesus Christus: …

Wir beten für alle, die von Glaubenszweifeln geplagt werden, die um ihren Glauben ringen und sich nach Gottes Nähe sehnen. – Herr Jesus Christus: …

Gott, in deiner Größe bist du uns trotzdem nahe. Du schenkst uns deine Gegenwart und begleitest uns auf unseren Lebenswegen. Dir sei Lob und Ehre, Preis und Dank in alle Ewigkeit.

Vaterunser

Miteinander wollen wir das Gebet sprechen, das Jesus selbst uns gelehrt hat: Vater unser …

Gebet

Allmächtiger Gott, du hast deinen Sohn Jesus in diese Welt gesandt, um die Menschen immer enger mit dir zu verbinden. Jesus sagt uns: Du willst unser Vater werden und wir dürfen deine Töchter und Söhne sein. Wir bitten dich: Sei uns nahe, wenn wir zu dir rufen und hilf uns, dich in allem zu finden und aus dem Glauben an dich unser Leben zu gestalten. Darum bitten wir dich durch Christus, unseren Bruder und Herrn.

Lied: *z.B. GL 535 (Segne du, Maria)*

Das Magnificat

Das Magnificat

Lied: *GL 524 (Meerstern, ich dich grüße)*

Eröffnungspsalm (Ps 113)
KV Christus, das ewige Wort, nahm Fleisch an für uns;
kommt, wir beten ihn an!

Lobt, ihr Knechte des Herrn, *
lobt den Namen des Herrn! Der Name des Herrn sei gepriesen *
von nun an bis in Ewigkeit. – KV

Vom Aufgang der Sonne bis zu ihrem Untergang *
sei gelobt der Name des Herrn.
Erhaben ist der Herr über alle Völker, *
über den Himmeln ist seine Herrlichkeit. – KV

Wer ist wie der Herr, unser Gott, *
der wohnt in der Höhe, der hinabschaut in die Tiefe, *
auf Himmel und Erde? – KV

Den Geringen richtet er auf aus dem Staub,
aus dem Schmutz erhebt er den Armen, *
um ihn wohnen zu lassen bei den Fürsten,
bei den Fürsten seines Volks.
Die Kinderlose lässt er wohnen im Haus *
als frohe Mutter von Kindern. – KV

Ehre sei dem Vater und dem Sohn und dem Heiligen Geist, *
wie im Anfang, so auch jetzt und allezeit und in Ewigkeit.
Amen. – KV

Lied: *z.B. GL 400 (Ich lobe meinen Gott)*

Gebet

Ewiger Gott, du hast Maria in deinen Dienst gerufen und ihr unermessliche Gnade zuteilwerden lassen. Groß und unbegreiflich sind deine Pläne in denen du uns Menschen einen Platz gewährst. Wir verstehen dich oft nicht und doch glauben wir, dass du da bist und unsere Wege begleitest. Gib uns ein Herz, das auf deine Größe vertraut. Lass uns gläubig die Erfüllung der Verheißungen erwarten, die du vor Urzeiten offenbart hast. Darum bitten wir dich durch Jesus Christus, deinen Sohn, unseren Herrn und Gott, der in der Einheit des Heiligen Geistes mit dir lebt und herrscht in alle Ewigkeit.

Lesung (Lk 1,46–56)

Da sagte Maria: Meine Seele preist die Größe des Herrn und mein Geist jubelt über Gott, meinen Retter. Denn auf die Niedrigkeit seiner Magd hat er geschaut. Siehe, von nun an preisen mich selig alle Geschlechter. Denn der Mächtige hat Großes an mir getan und sein Name ist heilig. Er erbarmt sich von Geschlecht zu Geschlecht über alle, die ihn fürchten. Er vollbringt mit seinem Arm machtvolle Taten: Er zerstreut, die im Herzen voll Hochmut sind; er stürzt die Mächtigen vom Thron und erhöht die Niedrigen. Die Hungernden beschenkt er mit seinen Gaben und lässt die Reichen leer ausgehen. Er nimmt sich seines Knechtes Israel an und denkt an sein Erbarmen, das er unsern Vätern verheißen hat, Abraham und seinen Nachkommen auf ewig. Und Maria blieb etwa drei Monate bei ihr; dann kehrte sie nach Hause zurück.

Besinnung

Die Begegnung mit Elisabet löst in Maria eine eigenartige Reaktion aus: sie beginnt zu singen. Wir kennen das aus unserem eigenen Leben: Wenn uns Dinge zu Herzen gehen, wenn wir uns besonders über etwas freuen, dann löst sich die Zunge. Alles wird irgendwie leichter und einfacher. Und wir haben den Drang, unseren Mitmenschen und unserer Umwelt mitzuteilen, was uns im Innersten bewegt. Manchmal kommen Lieder dabei heraus und manchmal ist es auch nur ein freudiges Ausrufen, ein Juchzen und Jauchzen.

Maria beginnt zu singen. Sie kann in diesem Augenblick gar nicht anders, da ihr Herz so übervoll ist von Freude und Fröhlichkeit. Vom Zusammentreffen mit Elisabet ist Maria ergriffen. Und dieses Ergriffensein fasst sie ins Wort: »Meine Seele preist die Größe des Herrn«. Gott ist der wahre Grund ihrer Freude, ihm allein gebührt das Lied Mariens. Von Gottes Gnade ganz und gar erfüllt und berührt teilt sie den Menschen mit, was sie im Innersten bewegt. Sie dankt Gott, der sie berufen hat und durch den sie zur Mutter des Erlösers werden konnte: »Der Mächtige hat Großes an mir getan«.

Papst Franziskus hat in einer Predigt über das Magnificat einmal folgendes gesagt: »Dieses Gebet Marias ist ein revolutionäres Gebet, das Lied eines Mädchens voll Glauben, das sich seiner Grenzen bewusst ist, aber der Barmherzigkeit Gottes vertraut. Diese mutige junge Frau dankt Gott, weil er auf ihre Niedrigkeit geschaut hat, sie dankt für sein Heilswerk, das er an seinem Volk, an den Armen und Niedrigen vollbracht hat. Der Glaube ist die Herzmitte der ganzen Geschichte Marias. Ihr Lied hilft uns, das Erbarmen des Herrn als Antriebskraft der Geschichte zu begreifen, sowohl der persönlichen Geschichte eines jeden von uns als auch der ganzen Menschheit.«

Maria preist in ihrem Magnificat Gottes Größe, sie dankt für ihre Berufung und sie weiß sich hineingesetzt in die große Heilgeschichte Gottes mit den Menschen. Deshalb ist das Magnificat auch unser Gebet. Wir können uns die Worte Mariens zu Eigen machen, weil ihre Anliegen auch die unseren sind: Gottes Größe preisen, für unsere Berufung danken und uns als Teil von Gottes Heilsgeschichte erkennen. Das ist auch uns Christen heute aufgetragen. Mit Maria dürfen wir beten, mit ihr Gott danken und mit ihr auf das Große schauen, das Gott uns immer wieder neu erweist.

Lied: *z.B. GL 395 (Den Herren will ich loben)*

Gebet zu Maria

Gedenke, gütige Jungfrau Maria: Es ist noch nie gehört worden, dass jemand, der zu dir seine Zuflucht genommen, deine Hilfe angerufen und um deine Fürbitte gefleht, von dir verlassen worden sei. Von solchem Vertrauen beseelt, nehme ich zu dir meine Zuflucht, Mutter Jesu Christi und Jungfrau der Jungfrauen. Zu dir komme ich, vor dir stehe ich als armer sündiger Mensch. Mutter des ewigen Wortes, verschmähe nicht meine Worte, sondern höre mich gnädig an und erhöre mich.

Rosenkranzgesätz

Wir wollen in einem Rosenkranzgesätz die Worte des Lukasevangeliums bedenken und das gehörte Wort in unser Herz aufnehmen.

»Jesus, der in Maria eine hörende Mutter hat«

Lied: *z.B. Groß sein lässt meine Seele den Herrn (GL-Diözesananhänge)*

Wechselgebet (Psalm 46)

V Gott ist uns Zuflucht und Stärke, *
als mächtig erfahren, als Helfer in allen Nöten.
A Darum fürchten wir uns nicht, wenn die Erde auch wankt, *
wenn Berge stürzen in die Tiefe des Meeres;
V mögen seine Wasser tosen und schäumen *
und vor seinem Ungestüm Berge erzittern.
A Eines Stromes Arme erfreuen die Gottesstadt, *
des Höchsten heilige Wohnung.
V Gott ist in ihrer Mitte, sie wird nicht wanken. *
Gott hilft ihr, wenn der Morgen anbricht.
A Völker tobten, Reiche wankten; *
seine Stimme erscholl, da muss die Erde schmelzen.
V Mit uns ist der Herr der Heerscharen, *
der Gott Jakobs ist unsre Burg.
A Kommt und schaut die Taten des Herrn, *
der Schauder erregt auf der Erde.
V Er setzt den Kriegen ein Ende bis an die Grenzen der Erde. *
Den Bogen zerbricht er, die Lanze zerschlägt er;
Streitwagen verbrennt er im Feuer.
A Lasst ab und erkennt, dass ich Gott bin, *
erhaben über die Völker, erhaben auf Erden!
V Mit uns ist der Herr der Heerscharen, *
der Gott Jakobs ist unsre Burg.
A Ehre sei dem Vater und dem Sohn und dem Heiligen Geist, *
wie im Anfang so auch jetzt und allezeit und in Ewigkeit.
Amen.

Fürbitten

Lasst uns beten zu unserem Herrn Jesus Christus. Er ist der Weg, die Wahrheit und das Leben. Zu ihm kommen wir mit unseren Anliegen und bitten ihn:

Wir beten um Frieden für die Völker und um das Ende von Kriegen und blutigen Konflikten. – Erhöre unser Gebet.

Wir beten um Erbarmen für alle, die in Schuld geraten sind, und um Barmherzigkeit und Versöhnung. – ...

Wir beten um eine gerechte Verteilung der Güter und um Hilfe für alle, die in Not sind. – ...

Wir beten um eine liebvolle Aufnahme für all jene, die auf der Flucht sind und die offene Türen und Herzen suchen. – ...

Wir beten um Trost in Trauer, um Hoffnung in Perspektivlosigkeit, um Glauben in allen Zweifeln. – ...

Ehre sei dem Vater, der die Welt erschaffen hat;
Ehre sei dem Sohn, der sie erlöst hat;
Ehre sei dem Heiligen Geist, der sie in Liebe erhält.
Ehre dem dreifaltigen Gott von Ewigkeit zu Ewigkeit.

Vaterunser

Miteinander wollen wir das Gebet sprechen, das Jesus selbst uns gelehrt hat: Vater unser ...

Gebet
Heiliger Gott, in Maria hast du uns ein Vorbild geschenkt, wie wir Jesus, deinem Sohn, nachfolgen können. Sie hat ganz und gar auf dich vertraut und dir ihr ganzes Leben geschenkt. Erfüllt von deiner Gnade singt sie von deiner Größe und preist deinen heiligen Namen. Wir wollen auf Maria schauen und von ihr lernen. Wir wollen mit ihr auf dem Weg gehen, der hinführt zu dir. Wir danken dir, Gott, dass du uns Maria als Mutter gegeben hast. Dir sei Lob und Preis und Ehre in alle Ewigkeit.

Lied: *z.B. GL 452 (Der Herr wird dich mit seiner Güte segnen)*

Maria und ihr Kind

Maria und ihr Kind

Lied: *z.B. GL 530 (Maria, Mutter unsres Herrn)*

Eröffnungspsalm (Ps 67)
KV Christus, der König, gab seiner Mutter die Krone
der Herrlichkeit; kommt, wir beten ihn an!

Gott sei uns gnädig und segne uns. *
Er lasse sein Angesicht über uns leuchten,
damit man auf Erden deinen Weg erkenne, *
deine Rettung unter allen Völkern. – KV

Die Völker sollen dir danken, Gott, *
danken sollen dir die Völker alle.
Die Nationen sollen sich freuen und jubeln, *
denn du richtest die Völker nach Recht
und leitest die Nationen auf Erden. – KV

Die Völker sollen dir danken, *
Gott, danken sollen dir die Völker alle.
Die Erde gab ihren Ertrag. Gott, unser Gott, er segne uns! *
Es segne uns Gott! Fürchten sollen ihn alle Enden der Erde.
– KV

Ehre sei dem Vater und dem Sohn und dem Heiligen Geist, *
wie im Anfang, so auch jetzt und allezeit und in Ewigkeit.
Amen. – KV

Lied: *z.B. GL 456 (Herr, du bist mein Leben)*

Gebet

Allmächtiger Gott, wir glauben an deine Gegenwart, wir vertrauen auf deine Liebe. Im ersten Augenblick ihres Lebens hast du Maria mit deiner Gnade beschenkt und sie zur Mutter deines Sohnes berufen. Sie ist Mensch, wie wir, und doch war ihr Christus, dein Sohn, anvertraut. Als liebende Mutter hat sie für ihr Kind gesorgt; sie ist ihm nachgefolgt auf dem Weg, der zum Leben führt. Wir bitten dich, Gott: Hilf uns, dass wir fähig sind, wie Maria deinem Sohn nachzufolgen. Gib uns den Mut, unserer Berufung treu zu bleiben und das Geheimnis des Glaubens zu bewahren, das du uns anvertraut hast. Darum bitten wir durch ihn, Jesus Christus, deinen Sohn, unseren Herrn und Gott, der in der Einheit des Heiligen Geistes mit dir lebt und herrscht in alle Ewigkeit.

Lesung (Mt 2,13–15.19–23)

Als die Sterndeuter wieder gegangen waren, siehe, da erschien dem Josef im Traum ein Engel des Herrn und sagte: Steh auf, nimm das Kind und seine Mutter und flieh nach Ägypten; dort bleibe, bis ich dir etwas anderes auftrage; denn Herodes wird das Kind suchen, um es zu töten. Da stand Josef auf und floh in der Nacht mit dem Kind und dessen Mutter nach Ägypten. Dort blieb er bis zum Tod des Herodes. Denn es sollte sich erfüllen, was der Herr durch den Propheten gesagt hat: Aus Ägypten habe ich meinen Sohn gerufen.
Als Herodes gestorben war, siehe, da erschien dem Josef in Ägypten ein Engel des Herrn im Traum und sagte: Steh auf, nimm das Kind und seine Mutter und zieh in das Land Israel; denn die Leute, die dem Kind nach dem Leben getrachtet haben, sind tot. Da stand er auf und zog mit dem Kind und dessen Mutter in das Land Israel. Als er aber hörte, dass in Judäa Archelaus anstelle seines Vaters Herodes regierte, fürchtete er sich, dorthin zu gehen. Und weil er im Traum einen Befehl

erhalten hatte, zog er in das Gebiet von Galiläa und ließ sich in einer Stadt namens Nazaret nieder. Denn es sollte sich erfüllen, was durch die Propheten gesagt worden ist: Er wird Nazoräer genannt werden.

Besinnung

Der Anfang des Lebens Jesu ist von vielen Schwierigkeiten und Widerständen geprägt. Die Geburt erfolgt in einem verfallenen Stall, vor den Toren von Betlehem. Und kaum ist das Kind auf der Welt, verfolgt es der machthungrige König Herodes aus Angst vor einem Konkurrenten. Maria und ihr Verlobter Josef müssen einiges durchmachen und durchstehen, bis sie endlich wieder nach Nazaret gelangen, wo das Kind in beschaulicher Ruhe aufwachsen kann.

Die Flucht nach Ägypten und der sogenannte »Kindermord von Betlehem« werden nur im Matthäusevangelium überliefert. Die beiden Erzählungen, die eng miteinander verwoben sind, verstärken noch einmal die Dramatik der ersten Lebenstage Jesu. Kaum ist das neue Leben geboren, wird es auch schon verfolgt. Bereits als er ein Kleinkind ist, trachtet man dem Gottessohn nach dem Leben – ein Vorausblick auf die Ereignisse, die Jesus am Ende seines irdischen Lebensweges in Jerusalem erwarten.

Es ist beeindruckend, welche Strapazen Maria für ihr Kind auf sich nimmt. Das Ja, das sie dem Engel in Nazaret gegeben hat, ist weitreichend. Sich in Gottes Plan einzufügen, sich auf ihn einzulassen, das fordert manchmal Konsequenzen, mit denen man nie und nimmer gerechnet hätte. So schnell ist ein »Ja« ausgesprochen, ohne je wirklich ermessen zu können, mit welchen Folgen dies verbunden ist. Ob es Maria auch so ergangen ist? Ob sie je einkalkuliert hatte, wie dramatisch diese Gottesmutterschaft für sie sein werde? Möglich, dass sie schon irgendwann gezweifelt hat, ob ihre Entscheidung richtig war. Die Evangelien überliefern uns nichts dergleichen. Und gerade deshalb ist Maria uns ein Vorbild im Glauben.

Maria nimmt das an, was auf sie zukommt. Sie fügt sich ein in Gottes Plan, auch wenn sie nicht weiß, was das Ganze überhaupt soll. Sie nimmt Anstrengungen und Strapazen auf sich, ohne zu murren. Und: Sie steckt selber zurück, sie stellt ihren eigenen Willen unter den Willen Gottes. Sie tut, was er verlangt, ohne Aufbegehren und ohne Widerrede, ohne Klagen und ohne Anklage. Maria bringt das Kind an einem unwirtlichen Ort zur Welt, Maria zieht mit dem Kind hinab nach Ägypten, Maria steht am Kreuzweg und blickt auf den gekreuzigten Sohn.

Von Maria können wir lernen, uns immer mehr auf Gott einzulassen, ihm immer mehr zu vertrauen. Ein altes Sprichwort sagt: »Wenn Gott uns einen Weg zudenkt, dann sorgt er auch dafür, dass wir ihn gehen können.« Das ist seine Zusage an uns, dass wir nicht verzweifeln müssen, wie verzwickt und ausweglos es auch manchmal aussieht. Wenn Gott uns in seinen Dienst beruft, dann steht er auch zu uns, dann begleitet er uns auch mit seiner Fürsorge und Güte. Das Beispiel Marias zeigt uns: Wer sich ganz auf Gott einlässt, der muss keine Angst haben. Es wird manchmal einiges an Anstrengung kosten, manchmal muss man sich selbst und den eigenen Willen zurücknehmen. Das muss man einrechnen, wenn man sich auf Gott einlässt.

Maria hat es uns vorgelebt. An ihr dürfen wir uns ein Beispiel nehmen, von ihr lernen und mit ihr auf dem Weg sein, der uns zu Gott führt.

Lied: *z.B. GL 536 (Gegrüßet seist du, Königin)*

Gebet zu Maria (nach dem Hymnus Akathistos)
Mit den Worten eines uralten Hymnus aus der Ostkirche wollen wir Maria grüßen, die allerheiligste Gottesgebärerin, die immerwährende Jungfrau:

Sei gegrüßt, durch dich leuchtet das Heil hervor;
sei gegrüßt, dunkel wird das Unheil vor dir.
Sei gegrüßt, den gefallenen Adam richtest du wieder auf;
sei gegrüßt, von ihren Tränen erlösest du Eva.
Sei gegrüßt, allem menschlichen Überlegen hoch überlegen bist du;
sei gegrüßt, so abgrundtief erschauen dich die Engel nicht einmal.
Sei gegrüßt, von Uranfang des Friedenfürsts Thron;
sei gegrüßt, denn du trägst den, der alles erträgt.
Sei gegrüßt, du Stern, der offenbart die Sonne;
sei gegrüßt, aus deinem Leib wird Gott der Menschensohn.
Sei gegrüßt, aus dir wird die Schöpfung neu geboren;
sei gegrüßt, durch dich wirkt der Schöpfer ungeboren als Kind.
Sei gegrüßt, du jungfräuliche Mutter!

Sei gegrüßt, der geheimnisvolle Ratschluss ist dir anvertraut;
sei gegrüßt, Vertrauende, da es des Schweigens bedarf.
Sei gegrüßt, der Wunder Christi bist du der Anbeginn;
sei gegrüßt, der Inbegriff von allen seinen Lehren bist du.
Sei gegrüßt, Himmelsleiter, darauf Gott herniederstieg;
sei gegrüßt, unsere Brücke von der Erde zum Himmelreich.
Sei gegrüßt, von den Engeln wieder und wieder erwogenes Wunder;
sei gegrüßt, du für die Widersacher heillose Wunde.
Sei gegrüßt, empfangen hast du unsagbar das Licht;
sei gegrüßt, niemanden hast du gelehrt, wie solches geschieht.

Sei gegrüßt, die der Weisen Weisheit übertrifft;
sei gegrüßt, die der Gläubigen Glauben vertieft.
Sei gegrüßt, du jungfräuliche Mutter!

Sei gegrüßt, des Lammes Mutter und des Hirten;
sei gegrüßt, Hirtin der geistigen Schafe.
Sei gegrüßt, du beschützest vor den unerkannten Gegnern;
sei gegrüßt, du erschließest das Heiligtum des Paradieses.
Sei gegrüßt, die Himmel jauchzen mit der Erde;
sei gegrüßt, in Christus frohlocken alle Geschöpfe.
Sei gegrüßt, durch dich sind die Apostel mündig geworden;
sei gegrüßt, an dir haben die Märtyrer Gleichmut gewonnen.
Sei gegrüßt, du starker Halt des Glaubens;
sei gegrüßt, du lichte Offenbarung der Gnade.
Sei gegrüßt, durch dich wird die Unterwelt entmachtet;
sei gegrüßt, von dir sind wir im Glauben ermächtigt.
Sei gegrüßt, du jungfräuliche Mutter!

Lied: *z.B. GL 522 (Maria aufgenommen ist)*

Wechselgebet (Eph 1,3–10)

KV Gesegnet bist du, Tochter, vom Herrn, dem erhabenen Gott; die Frucht des Lebens wurde uns durch dich zuteil.

V Gepriesen sei der Gott *
und Vater unseres Herrn Jesus Christus.
A Er hat uns mit allem Segen seines Geistes gesegnet *
durch unsere Gemeinschaft mit Christus im Himmel.
V Denn in ihm hat er uns erwählt vor der Grundlegung der Welt, *
damit wir heilig und untadelig leben vor ihm.

A Er hat uns aus Liebe im Voraus dazu bestimmt, *
seine Söhne zu werden durch Jesus Christus
V und zu ihm zu gelangen nach seinem gnädigen Willen, *
zum Lob seiner herrlichen Gnade.
A Er hat sie uns geschenkt in seinem geliebten Sohn.
In ihm haben wir die Erlösung durch sein Blut, *
die Vergebung der Sünden nach dem Reichtum seiner Gnade.
V Durch sie hat er uns reich beschenkt, *
in aller Weisheit und Einsicht,
A er hat uns das Geheimnis seines Willens kundgetan, *
wie er es gnädig im Voraus bestimmt hat in ihm.
V Er hat beschlossen, die Fülle der Zeiten heraufzuführen, *
das All in Christus als dem Haupt zusammenzufassen,
was im Himmel und auf Erden ist, in ihm.
A Ehre sei dem Vater und dem Sohn und dem Heiligen Geist, *
wie im Anfang, so auch jetzt und allezeit und in Ewigkeit.
Amen. – KV

Fürbitten

Lasst uns beten zu Christus, dem Herrn. Er ist das Haupt und die Mitte der ganzen Schöpfung, in ihm hat alles Bestand. In unseren Anliegen rufen wir zu ihm:

Wir beten für die Kirche: Dass sie dich, den Herrn, verkünde und für die Menschen zum Zeichen des anbrechenden Gottesreiches werde. – Herr, erbarme dich.

Wir beten für alle, die in Staat und Gesellschaft Verantwortung tragen: Dass sie erfüllt werden vom Heiligen Geist und ihr Handeln stets am Wohl des Menschen ausrichten. – …

Wir beten für alle Kranken: Dass sie von neuer Kraft erfüllt werden und Menschen finden, die sie in ihrer Krankheit begleiten. – …

Wir beten für alle Trauernden: Dass sie Trost erfahren und nicht alleine diese schwere Zeit durchleben müssen. – …

Wir beten für alle Gestorbenen: Dass sie Anteil haben an der Auferstehung von den Toten und Gott von Angesicht zu Angesicht schauen dürfen. – …

Herr, unser Gott, du berufst Menschen in deinen Dienst und rufst sie, dem Bild deines Sohnes gleichförmig zu werden. Wir danken dir und preisen dich, heute und an allen Tagen unseres Lebens.

Vaterunser
Miteinander wollen wir das Gebet sprechen, das Jesus selbst uns gelehrt hat: Vater unser …

Gebet
Barmherziger Gott, du bist der Ewige, du stehst über den Zeiten und lenkst den Lauf der Welt nach deinem Ratschluss. In Maria hast du uns ein Vorbild gegeben, wie auch wir zu deinem Plan Ja sagen können. In ihr zeigst du uns, wie wir auch in der größten Not auf dich vertrauen und an dich glauben können. Wir bitten dich: Hilf uns, dass wir immer wieder auf Maria schauen und in ihr ein Beispiel für unser eigenes Leben erblicken. Darum bitten wir dich durch Jesus Christus, deinen Sohn, unseren Herrn und Gott, der in der Einheit des Heiligen Geistes mit dir lebt und herrscht in alle Ewigkeit.

Lied: *z.B. GL 453 (Bewahre uns, Gott, behüte uns, Gott)*

Rosenkranz-
andachten

Zum freudenreichen Rosenkranz

Zum freudenreichen Rosenkranz

Hinführung
In der Menschwerdung Jesu hat das Heil seinen Anfang genommen. Gott kommt zu uns, er wird Mensch, er will uns auf unseren Lebenswegen begleiten: In Jesus Christus wird dies auf einmalige und besondere Weise deutlich. Gott ist nicht irgendwo in der Ferne, unnahbar und weit von der Welt entfernt. Gott ist da, er erhält ein menschliches Antlitz, er spricht zu uns und verändert mit seinen Händen den Alltag der Menschen. In den Gesätzen des freudenreichen Rosenkranzes bedenken wir den Anfang dieser besonderen Geschichte Gottes mit den Menschen. Wir blicken auf Maria, die einen besonderen Platz in Gottes Heilsplan erhält. Mit ihr zusammen stimmen wir ein in das Lob des dreifaltigen Gottes, der sich der Menschen erbarmt und selber Mensch wird, um unsere Welt zur Vollendung zu führen.

1. Gesätz: Jesus, den du, o Jungfrau, durch den Heiligen Geist empfangen hast

Lesung (Lk 1,26–38)
Im sechsten Monat wurde der Engel Gabriel von Gott in eine Stadt in Galiläa namens Nazaret zu einer Jungfrau gesandt. Sie war mit einem Mann namens Josef verlobt, der aus dem Haus David stammte. Der Name der Jungfrau war Maria. Der Engel trat bei ihr ein und sagte: Sei gegrüßt, du Begnadete, der Herr ist mit dir. Sie erschrak über die Anrede und überlegte, was dieser Gruß zu bedeuten habe. Da sagte der Engel zu ihr: Fürchte dich nicht, Maria; denn du hast bei Gott Gnade gefunden. Siehe, du wirst schwanger werden und einen Sohn wirst du gebären; dem sollst du den Namen Jesus geben. Er

wird groß sein und Sohn des Höchsten genannt werden. Gott, der Herr, wird ihm den Thron seines Vaters David geben. Er wird über das Haus Jakob in Ewigkeit herrschen und seine Herrschaft wird kein Ende haben. Maria sagte zu dem Engel: Wie soll das geschehen, da ich keinen Mann erkenne? Der Engel antwortete ihr: Heiliger Geist wird über dich kommen und Kraft des Höchsten wird dich überschatten. Deshalb wird auch das Kind heilig und Sohn Gottes genannt werden. Siehe, auch Elisabet, deine Verwandte, hat noch in ihrem Alter einen Sohn empfangen; obwohl sie als unfruchtbar gilt, ist sie schon im sechsten Monat. Denn für Gott ist nichts unmöglich. Da sagte Maria: Siehe, ich bin die Magd des Herrn; mir geschehe, wie du es gesagt hast. Danach verließ sie der Engel.

Meditation

Man muss schon hinabsteigen, in die Unterkirche, um zu dem Ort zu gelangen, an dem auf einem Altar geschrieben steht: »Verbum caro hic factum est – Hier ist das Wort Fleisch geworden«. Die Grotte in der Verkündigungsbasilika in Nazaret befindet sich im Untergeschoss der Kirche. Eine kleine Höhle, etwas versteckt, in einer Seitenwand der Basilika. Hier hat sich das Unmögliche ereignet: Hier ist Gott Mensch geworden, hier hat Maria dem Engel ihr Ja gegeben, hier hat die besondere Geschichte mit Jesus ihren Anfang genommen. Gottes Menschwerdung ist wirklich eine Herabkunft, eine Erniedrigung. Er erwählt sich das junge Mädchen Maria, um die Mutter seines Sohnes zu werden. Sie ist es, die Gott ganz nahe kommen darf und ihn in ihrem Leib trägt. – Und wir? Auch wir können diese Begegnung mit Gott wagen, wenn wir uns nicht scheuen, hinabzusteigen, herunterzukommen und uns mit den Menschen zu solidarisieren, die sprichwörtlich »ganz unten« sind.

Stille

Gemeinsam wollen wir das Geheimnis der Verkündigung Mariens in einem Rosenkranzgesätz bedenken.

Lied: *z.B. GL 537 (Ave Maria, gratia plena)*

2. Gesätz: Jesus, den du, o Jungfrau, zu Elisabeth getragen hast

Lesung (Lk 1,39–45)
In diesen Tagen machte sich Maria auf den Weg und eilte in eine Stadt im Bergland von Judäa. Sie ging in das Haus des Zacharias und begrüßte Elisabet. Und es geschah, als Elisabet den Gruß Marias hörte, hüpfte das Kind in ihrem Leib. Da wurde Elisabet vom Heiligen Geist erfüllt und rief mit lauter Stimme: Gesegnet bist du unter den Frauen und gesegnet ist die Frucht deines Leibes. Wer bin ich, dass die Mutter meines Herrn zu mir kommt? Denn siehe, in dem Augenblick, als ich deinen Gruß hörte, hüpfte das Kind vor Freude in meinem Leib. Und selig, die geglaubt hat, dass sich erfüllt, was der Herr ihr sagen ließ.

Meditation
Begegnungen haben es manchmal ganz schön in sich. Sie können Freude und Fröhlichkeit hervorrufen, weil wir Menschen treffen, mit denen wir uns gut verstehen. Aber auch das Gegenteil können sie bewirken: Manche Begegnungen ängstigen uns, von anderen werden wir erschreckt und wir versuchen, solche Begegnungen zu vermeiden. – Ganz anders diese Begegnung zwischen Maria und Elisabet: Überbordende Freude wird beiden zuteil und zwar in dem Maße, dass selbst die Kinder im Mutterschoß davon ergriffen

werden. Jesus und Johannes beginnen zu hüpfen. Das ist nicht nur ein versteckter Hinweis des Evangelisten, dass die beiden zusammengehören. Es zeigt auch: Wirkliche Begegnungen können das Innerste des Menschen verändern und seine ganze Gesinnung mit Freude und Segen erfüllen.

Stille

Gemeinsam wollen wir das Geheimnis der Begegnung zwischen Maria und Elisabet in einem Rosenkranzgesätz bedenken.

Lied: *z.B. GL 395 (Den Herren will ich loben)*

3. Gesätz: Jesus, den du, o Jungfrau, geboren hast

Lesung (Lk 2,1–14)
Es geschah aber in jenen Tagen, dass Kaiser Augustus den Befehl erließ, den ganzen Erdkreis in Steuerlisten einzutragen. Diese Aufzeichnung war die erste; damals war Quirinius Statthalter von Syrien. Da ging jeder in seine Stadt, um sich eintragen zu lassen. So zog auch Josef von der Stadt Nazaret in Galiläa hinauf nach Judäa in die Stadt Davids, die Betlehem heißt; denn er war aus dem Haus und Geschlecht Davids. Er wollte sich eintragen lassen mit Maria, seiner Verlobten, die ein Kind erwartete. Es geschah, als sie dort waren, da erfüllten sich die Tage, dass sie gebären sollte, und sie gebar ihren Sohn, den Erstgeborenen. Sie wickelte ihn in Windeln und legte ihn in eine Krippe, weil in der Herberge kein Platz für sie war. In dieser Gegend lagerten Hirten auf freiem Feld und hielten Nachtwache bei ihrer Herde. Da trat ein Engel des Herrn zu ihnen und die Herrlichkeit des Herrn umstrahlte sie und sie fürchteten sich sehr. Der Engel sag-

te zu ihnen: Fürchtet euch nicht, denn siehe, ich verkünde euch eine große Freude, die dem ganzen Volk zuteilwerden soll: Heute ist euch in der Stadt Davids der Retter geboren; er ist der Christus, der Herr. Und das soll euch als Zeichen dienen: Ihr werdet ein Kind finden, das, in Windeln gewickelt, in einer Krippe liegt. Und plötzlich war bei dem Engel ein großes himmlisches Heer, das Gott lobte und sprach: Ehre sei Gott in der Höhe und Friede auf Erden den Menschen seines Wohlgefallens.

Meditation

Wenn ein Kind geboren wird, dann verändert sich vieles in den Familien. Plötzlich dreht sich alles um das Kind und die Eltern und ihre Bedürfnisse rücken etwas in den Hintergrund. Um wie viel mehr verändert sich das Leben, als Christus geboren wird? Es macht den Anschein, als ob die ganze Welt für einen Augenblick stillstehe. Das Leben aller Menschen verändert sich in der Nacht von Betlehem. Denn es wird deutlich: Gottes Liebe kennt keine Grenzen, Gottes Liebe ist so groß, dass er selbst Mensch wird, um uns Menschen zu erlösen. Im Kind, das die Hirten anbeten, ist Gott ganz und gar gegenwärtig. Im Krippenkind, vor dem die Sterndeuter auf die Knie fallen, beginnt eine neue Zeit – die Zeit, in der Gott durch seinen Sohn zu uns gesprochen hat.

Stille

Gemeinsam wollen wir das Geheimnis der Geburt Jesu im Stall von Betlehem in einem Rosenkranzgesätz bedenken.

Lied: *z.B. GL 239 (Zu Betlehem geboren)*

4. Gesätz: Jesus, den du, o Jungfrau, im Tempel aufgeopfert hast

Lesung (Lk 2,21–33)

Als acht Tage vorüber waren und das Kind beschnitten werden sollte, gab man ihm den Namen Jesus, den der Engel genannt hatte, bevor das Kind im Mutterleib empfangen war. Als sich für sie die Tage der vom Gesetz des Mose vorgeschriebenen Reinigung erfüllt hatten, brachten sie das Kind nach Jerusalem hinauf, um es dem Herrn darzustellen, wie im Gesetz des Herrn geschrieben ist: Jede männliche Erstgeburt soll dem Herrn heilig genannt werden. Auch wollten sie ihr Opfer darbringen, wie es das Gesetz des Herrn vorschreibt: ein Paar Turteltauben oder zwei junge Tauben. Und siehe, in Jerusalem lebte ein Mann namens Simeon. Dieser Mann war gerecht und fromm und wartete auf den Trost Israels und der Heilige Geist ruhte auf ihm. Vom Heiligen Geist war ihm offenbart worden, er werde den Tod nicht schauen, ehe er den Christus des Herrn gesehen habe. Er wurde vom Geist in den Tempel geführt; und als die Eltern das Kind Jesus hereinbrachten, um mit ihm zu tun, was nach dem Gesetz üblich war, nahm Simeon das Kind in seine Arme und pries Gott mit den Worten: Nun lässt du, Herr, deinen Knecht, wie du gesagt hast, in Frieden scheiden. Denn meine Augen haben das Heil gesehen, das du vor allen Völkern bereitet hast, ein Licht, das die Heiden erleuchtet, und Herrlichkeit für dein Volk Israel. Sein Vater und seine Mutter staunten über die Worte, die über Jesus gesagt wurden.

Meditation

Was für eine Gnade, die dem greisen Simeon noch im hohen Alter zuteilwird! Er darf den Christus des Herrn erblicken, bevor er stirbt. Vom Heiligen Geist war ihm das offenbart worden und nun darf er mit eigenen Augen das Licht der Völker schauen. Von Gnade erfüllt ruft Simeon Worte aus, die in den Eltern des Kindes Staunen hervorrufen. – Die Begegnung mit Christus verändert Menschen. Schon Elisabet und die Hirten haben dieses Geschenk erfahren dürfen. Die Sterndeuter kehren gar »auf einem anderen Weg heim in ihr Land«. Wer Christus begegnen darf, der wird mit seiner Gnade in reichem Maß beschenkt. Dessen Leben wird fortan in anderen Bahnen verlaufen, denn es hat einen neuen Sinn erhalten. Die Welt dreht sich nicht mehr um sich selbst, sie dreht sich um Christus, der gekommen ist, um sie mit seinem göttlichen Licht zu erleuchten.

Stille

Gemeinsam wollen wir das Geheimnis der Darstellung Jesu im Tempel in einem Rosenkranzgesätz bedenken.

Lied: *z.B. GL 374 (Volk Gottes, zünde Lichter an)*

5. Gesätz: Jesus, den du, o Jungfrau, im Tempel wiedergefunden hast

Lesung (Lk 2,41–50)

Die Eltern Jesu gingen jedes Jahr zum Paschafest nach Jerusalem. Als er zwölf Jahre alt geworden war, zogen sie wieder hinauf, wie es dem Festbrauch entsprach. Nachdem die Festtage zu Ende waren, machten sie sich auf den Heimweg. Der Knabe Jesus aber blieb in Jerusalem, ohne dass seine Eltern es merkten. Sie meinten, er sei in der Pilgergruppe, und reisten eine Tagesstrecke weit; dann suchten sie ihn bei den Verwandten und Bekannten. Als sie ihn nicht fanden, kehrten sie nach Jerusalem zurück und suchten nach ihm. Da geschah es, nach drei Tagen fanden sie ihn im Tempel; er saß mitten unter den Lehrern, hörte ihnen zu und stellte Fragen. Alle, die ihn hörten, waren erstaunt über sein Verständnis und über seine Antworten. Als seine Eltern ihn sahen, waren sie voll Staunen und seine Mutter sagte zu ihm: Kind, warum hast du uns das angetan? Siehe, dein Vater und ich haben dich mit Schmerzen gesucht. Da sagte er zu ihnen: Warum habt ihr mich gesucht? Wusstet ihr nicht, dass ich in dem sein muss, was meinem Vater gehört? Doch sie verstanden das Wort nicht, das er zu ihnen gesagt hatte.

Meditation

»Heimat« ist besonders in den letzten Jahren ein durchaus auch umstrittener Begriff. Wir alle haben irgendwo unsere Heimat oder wir fühlen uns zumindest irgendwo »daheim«. Es können Personen sein oder ein bestimmter geographischer Raum, die in uns das Gefühl von Heimat erwecken. – Auch Jesus besitzt eine solche Heimat. Doch sie ist eben nicht Zuhause bei Maria und Josef in Nazaret. Sie ist bei Gott. Hier ist Jesus wirklich daheim, denn von Gott ist er ausgegangen und zu Gott wird er wieder heimkehren. Besonders die Theologie des Johannesevangeliums macht uns diesen Weg Jesu deutlich: Es ist ein Weg, der bei Gott beginnt und wieder zu Gott zurückführt. Auf der Erde hat Jesus nur eine vorübergehende Heimat. Sein ganzes Leben ist erfüllt vom Bewusstsein, nur Pilger auf dem Weg hin zur Heimat zu sein. Als er mit den Eltern nach Jerusalem kommt, ist für ihn klar, dass er im Tempel bleiben muss. Denn hier ist er daheim, hier ist er Gott, seinem Vater, in besonderer Weise nahe. Die Eltern verstehen es nicht, sie rechnen noch in irdischen Kategorien. Jesus aber weiß, wo wirklich seine Heimat ist.

Stille

Gemeinsam wollen wir das Geheimnis der Auffindung Jesu im Tempel in einem Rosenkranzgesätz bedenken.

Lied: *z.B. GL 366 (Jesus Christus, guter Hirte)*

Abschlussgebet

Allmächtiger, ewiger Gott, miteinander haben wir die Geheimnisse des freudenreichen Rosenkranzes betrachtet und mit Maria auf deinen Sohn Jesus geblickt. In ihm bist du für uns Mensch geworden, um uns deine Liebe zu zeigen. In ihm dürfen wir erfahren, wie gut du zu uns Menschen bist, wie barmherzig und liebevoll du mit uns umgehst. Wir bitten dich: Verleihe uns ein offenes Ohr, damit wir immer neu auf deine Worte hören, die du zu uns sprichst. Entzünde unsere Herzen, damit wir fähig werden, die Botschaft deines Sohnes weiterzusagen und Menschen für dich zu gewinnen. Darum bitten wir dich durch Christus, im Heiligen Geist.

Zum glorreichen Rosenkranz

Zum glorreichen Rosenkranz

Hinführung
In dieser Andacht wollen wir die Geheimnisse des glorreichen Rosenkranzes bedenken. Sie lenken unseren Blick auf Ostern und auf das, was sich danach ereignet. Im glorreichen Rosenkranz dürfen wir erahnen, was Gott am Ende der Zeiten auch uns bereitet hat. So wie Maria, die Mutter des Herrn, eingehen darf in das Leben, so wird auch uns Anteil geschenkt am österlichen Sieg unseres Herrn Jesus Christus. Schauen wir mit Maria auf Christus und erkennen wir in ihm das Leben in Fülle, das wir in ihm finden dürfen.

1. Gesätz: Jesus, der von den Toten auferstanden ist

Lesung (Mt 28,1–8)
Nach dem Sabbat, beim Anbruch des ersten Tages der Woche, kamen Maria aus Magdala und die andere Maria, um nach dem Grab zu sehen. Und siehe, es geschah ein gewaltiges Erdbeben; denn ein Engel des Herrn kam vom Himmel herab, trat an das Grab, wälzte den Stein weg und setzte sich darauf. Sein Aussehen war wie ein Blitz und sein Gewand weiß wie Schnee. Aus Furcht vor ihm erbebten die Wächter und waren wie tot. Der Engel aber sagte zu den Frauen: Fürchtet euch nicht! Ich weiß, ihr sucht Jesus, den Gekreuzigten. Er ist nicht hier; denn er ist auferstanden, wie er gesagt hat. Kommt her und seht euch den Ort an, wo er lag! Dann geht schnell zu seinen Jüngern und sagt ihnen: Er ist von den Toten auferstanden und siehe, er geht euch voraus nach Galiläa, dort werdet ihr ihn sehen. Siehe, ich habe es euch gesagt. Sogleich verließen sie das Grab voll Furcht und großer Freude und sie eilten zu seinen Jüngern, um ihnen die Botschaft zu verkünden.

Meditation

Jesus ist auferstanden vom Tod! Das ist die frohe Botschaft, die den Frauen am leeren Grab verkündet wird. Jesus bleibt nicht auf ewig im Tod, er hat den Tod besiegt und das neue Leben geschaffen. Im Licht von Ostern bestätigt sich das Leben Jesu: Nicht Leid oder Ausgrenzung, nicht Krankheit oder Sünde halten in dieser Welt die Oberhand. Durch die Auferstehung Christi haben sich die Dinge ins Gegenteil verkehrt: das Licht vertreibt die Finsternis, die Liebe den Hass, die Versöhnung die Sünden, das Leben den Tod. An Ostern bricht die neue Welt, die Jesus für die Zukunft verkündigt, schon hier und heute an. Und wir? Wir dürfen Anteil an ihr haben, denn – so sagt es der Apostel Paulus: Wir, die wir auf Christi Tod getauft sind, sind auch auf seine Auferstehung getauft. Wenn wir im Leben auf Christus hoffen und auf ihn vertrauen, dann dürfen wir mit ihm eingehen in die neue Welt. Das ist unsere christliche Hoffnung, die sich an Ostern Bahn bricht.

Stille

Gemeinsam wollen wir das Geheimnis der Auferstehung Jesu von den Toten in einem Rosenkranzgesätz bedenken.

Lied: *z.B. GL 329 (Das ist der Tag, den Gott gemacht)*

2. Gesätz: Jesus, der in den Himmel aufgefahren ist

Lesung (Apg 1,4–11)

Beim gemeinsamen Mahl gebot ihnen der auferstandene Herr: Geht nicht weg von Jerusalem, sondern wartet auf die Verheißung des Vaters, die ihr von mir vernommen habt! Denn Johannes hat mit Wasser getauft, ihr aber werdet schon in wenigen Tagen mit dem Heiligen Geist getauft werden. Als sie nun beisammen waren, fragten sie ihn: Herr, stellst du in dieser Zeit das Reich für Israel wieder her? Er sagte zu ihnen: Euch steht es nicht zu, Zeiten und Fristen zu erfahren, die der Vater in seiner Macht festgesetzt hat. Aber ihr werdet Kraft empfangen, wenn der Heilige Geist auf euch herabkommen wird; und ihr werdet meine Zeugen sein in Jerusalem und in ganz Judäa und Samarien und bis an die Grenzen der Erde. Als er das gesagt hatte, wurde er vor ihren Augen emporgehoben und eine Wolke nahm ihn auf und entzog ihn ihren Blicken. Während sie unverwandt ihm nach zum Himmel emporschauten, siehe, da standen zwei Männer in weißen Gewändern bei ihnen und sagten: Ihr Männer von Galiläa, was steht ihr da und schaut zum Himmel empor? Dieser Jesus, der von euch fort in den Himmel aufgenommen wurde, wird ebenso wiederkommen, wie ihr ihn habt zum Himmel hingehen sehen.

Meditation
Die Jünger stehen dort, am Ölberg, und blicken nach oben, dem auferstandenen Herrn hinterher. Ihre Augen richten sich gen Himmel. Sie können nicht glauben, dass Jesus ein für alle Mal weg ist. Abschiede sind schwer und schmerzlich, vor allem, wenn sie endgültig sind.

Die Himmelfahrt Jesu ermahnt uns, den Himmel nicht zu vergessen. Wie die Jünger, so dürfen auch wir unseren Blick erheben, in der Hoffnung, dass es unser Ziel ist, dorthin zu gelangen. Als Christen dürfen wir uns nicht allzu sehr an das Irdische klammern, wir müssen auch an das Himmlische denken. Dazu mahnt uns Jesus immer wieder, wenn er sagt: »Sammelt euch Schätze im Himmelreich«. Wir Christen sind unterwegs zum Himmel. Und Jesus, der uns dorthin vorausgegangen ist, erwartet uns. Er will uns aufnehmen in seine Liebe und sein Leben. Das ist einmal unser aller Ziel.

Stille

Gemeinsam wollen wir das Geheimnis der Himmelfahrt Jesu in einem Rosenkranzgesätz bedenken.

Lied: *z.B. GL 339 (Ihr Christen, hoch erfreuet euch)*

3. Gesätz: Jesus, der uns den Heiligen Geist gesandt hat

Lesung (Apg 2,1–11)
Als der Tag des Pfingstfestes gekommen war, waren alle zusammen am selben Ort. Da kam plötzlich vom Himmel her ein Brausen, wie wenn ein heftiger Sturm daherfährt, und erfüllte das ganze Haus, in dem sie saßen. Und es erschienen ihnen Zungen wie von Feuer, die sich verteilten; auf jeden von ihnen ließ sich eine nieder. Und alle wurden vom Heiligen Geist erfüllt und begannen, in anderen Sprachen zu reden, wie es der Geist ihnen eingab. In Jerusalem aber wohnten Juden, fromme Männer aus allen Völkern unter dem Himmel. Als sich das Getöse erhob, strömte die Menge zusammen und war ganz bestürzt; denn jeder hörte sie in seiner Sprache reden. Sie waren fassungslos vor Staunen und sagten: Seht! Sind das nicht alles Galiläer, die hier reden? Wieso kann sie jeder von uns in seiner Muttersprache hören: Parther, Meder und Elamiter, Bewohner von Mesopotamien, Judäa und Kappadokien, von Pontus und der Provinz Asien, von Phrygien und Pamphylien, von Ägypten und dem Gebiet Libyens nach Kyrene hin, auch die Römer, die sich hier aufhalten, Juden und Proselyten, Kreter und Araber – wir hören sie in unseren Sprachen Gottes große Taten verkünden.

Meditation

»Bist du denn von allen guten Geistern verlassen«, sagen wir manchmal. Wir sind von etwas »begeistert« oder meinen, dass in unserer Gemeinschaft ein »guter Geist« herrscht. Wir dürfen spüren: Wo wir es mit dem Geist Gottes zu tun bekommen, da bringen wir Menschen gute Früchte hervor, da entsteht ein Klima, in dem man sich gerne aufhält. Deshalb ist es auch so wichtig, dass wir um den Heiligen Geist beten, dass wir ihn wirken lassen in unserer Familie und unserer Kirche. Wenn wir uns vom Geist Gottes erfassen lassen, dann werden wir befähigt, an einer Welt mitzuarbeiten, in der das Evangelium immer mehr Wirklichkeit wird. Wir können das Reich Gottes heute schon anbrechen lassen, wenn wir vom Heiligen Geist erfüllt Gutes wirken, die Menschen lieben und Grenzen überwinden.

Stille

Gemeinsam wollen wir das Geheimnis der Geistsendung an Pfingsten in einem Rosenkranzgesätz bedenken.

Lied: *z.B. GL 347 (Der Geist des Herrn erfüllt das All)*

4. Gesätz: Jesus, der dich, o Jungfrau, in den Himmel aufgenommen hat

Lesung (Lk 1,39–48)

In diesen Tagen machte sich Maria auf den Weg und eilte in eine Stadt im Bergland von Judäa. Sie ging in das Haus des Zacharias und begrüßte Elisabet. Und es geschah, als Elisabet den Gruß Marias hörte, hüpfte das Kind in ihrem Leib. Da wurde Elisabet vom Heiligen Geist erfüllt und rief mit lauter Stimme: Gesegnet bist du unter den Frauen und gesegnet ist die Frucht deines Leibes. Wer bin ich, dass die Mutter meines Herrn zu mir kommt? Denn siehe, in dem Augenblick, als ich deinen Gruß hörte, hüpfte das Kind vor Freude in meinem Leib. Und selig, die geglaubt hat, dass sich erfüllt, was der Herr ihr sagen ließ. Da sagte Maria: Meine Seele preist die Größe des Herrn und mein Geist jubelt über Gott, meinen Retter. Denn auf die Niedrigkeit seiner Magd hat er geschaut. Siehe, von nun an preisen mich selig alle Geschlechter.

Meditation

Maria hat geglaubt, dass sich erfüllt, was ihr der Engel Gabriel verkündet. Vertrauend hat sie Ja gesagt zu Gottes Plan. Dieses Ja muss sie in ihrem Leben immer wieder sagen: Als ihr Sohn die Heimat verlässt, um den Menschen das Evangelium zu verkünden; als sie Zeugin des ersten Wunders in Kana wird; als ihr Sohn qualvoll am Kreuz stirbt. Immer aufs Neue ist Maria in die Verantwortung gerufen, Ja zu sagen zu dem, was sich ereignet. Sie kann und muss es annehmen, weil Gott es so vorgesehen hat.

Doch nicht nur Maria sagt Ja. Auch Gott bejaht Maria ganz und gar. Als Mutter seines Sohnes kommt ihr eine besondere Stellung im Heilsplan zu. Sie ist die, die ganz und gar glaubt. Deshalb erhält sie am Ende ihres Lebens den Lohn für ihr Vertrauen: Gott nimmt sie auf in seine Herrlichkeit und schenkt ihr Leben; ein für alle Mal sagt Gott Ja zu Maria.

Maria ist die erste der Glaubenden. Ihr Vorbild zeigt uns: Wer zu Gottes Plan Ja sagt und auf ihn vertraut, dem spricht auch Gott sein Ja zu, indem er ihn aufnimmt in sein Leben und seine Herrlichkeit.

Stille

Gemeinsam wollen wir das Geheimnis der Aufnahme Mariens in den Himmel in einem Rosenkranzgesätz bedenken.

Lied: *z.B. GL 522 (Maria aufgenommen ist)*

5. Gesätz: Jesus, der dich, o Jungfrau, im Himmel gekrönt hat

Lesung (Offb 12,1–6)
Dann erschien ein großes Zeichen am Himmel: eine Frau, mit der Sonne bekleidet; der Mond war unter ihren Füßen und ein Kranz von zwölf Sternen auf ihrem Haupt. Sie war schwanger und schrie vor Schmerz in ihren Geburtswehen. Ein anderes Zeichen erschien am Himmel und siehe, ein Drache, groß und feuerrot, mit sieben Köpfen und zehn Hörnern und mit sieben Diademen auf seinen Köpfen. Sein Schwanz fegte ein Drittel der Sterne vom Himmel und warf sie auf die Erde herab. Der Drache stand vor der Frau, die gebären sollte; er wollte ihr Kind verschlingen, sobald es geboren war. Und sie gebar ein Kind, einen Sohn, der alle Völker mit eisernem Zepter weiden wird. Und ihr Kind wurde zu Gott und zu seinem Thron entrückt. Die Frau aber floh in die Wüste, wo Gott ihr einen Zufluchtsort geschaffen hatte; dort wird man sie mit Nahrung versorgen, zwölfhundertsechzig Tage lang.

Meditation
Maria ist die vollendete Frau, die erste der Christen, die in Gottes Herrlichkeit eingehen durfte. Maria ist eine von uns – und doch glauben wir, dass Maria auch mehr ist. Wir verehren sie als »Himmelskönigin«, oftmals ist sie mit einer Krone aus zwölf Sternen dargestellt. Die selige Jungfrau ist

unsere Fürsprecherin und unsere Helferin am himmlischen Thron. Sie ist Mensch und Christ, wie wir. Sie ist Königin im Himmel und der Anbeginn der neuen Schöpfung. Zusammen mit allen Glaubenden dürfen wir sie um ihre Fürsprache anrufen. Sie nimmt sich uns Menschen an, sie trägt unsere Fürbitten vor den dreifaltigen Gott. Deshalb dürfen wir auch in das Gebet so vieler Menschen einstimmen: »Heilige Maria, Mutter Gottes, bitte für uns Sünder, jetzt und in der Stunde unseres Todes«.

Stille

Gemeinsam wollen wir das Geheimnis der Krönung Mariens im Himmel in einem Rosenkranzgesätz bedenken.

Lied: *z.B. GL 536 (Gegrüßet seist du, Königin)*

Abschlussgebet
Allmächtiger, ewiger Gott, miteinander haben wir die Geheimnisse des glorreichen Rosenkranzes betrachtet und mit Maria auf deinen Sohn Jesus geblickt. Er hat uns Menschen das Leben verheißen, er hat uns die niemals endende Liebe erwiesen. Am Beispiel Mariens können wir erahnen, welch großes Geschenk auch uns einmal bereitet ist. Wir bitten dich, Gott: Führe uns auf dem rechten Weg, damit wir einst vom Glauben zum Schauen gelangen, damit wir, wie Maria, eingehen dürfen in deine Herrlichkeit. Entzünde unsere Herzen mit dem Feuer deiner Liebe und lass uns Menschen für dich und dein Reich gewinnen. Darum bitten wir dich durch Christus, deinen Sohn, im Heiligen Geist. Amen.

Zum lichtreichen Rosenkranz

Zum lichtreichen Rosenkranz

Hinführung
»Ich bin das Licht der Welt«: Jesus ist gekommen, um die Menschen von der Finsternis zu befreien und ihnen das Licht des Lebens zu schenken. Mit dem, was Jesus tut und sagt, zeigt er ihnen und uns: Das Leben ist nicht nur dunkel und düster, es gibt nicht nur die Schattenseiten. Einige Momente im Leben des Jesus von Nazaret sind besonders lichtvoll: In ihnen offenbart sich nicht nur die Göttlichkeit Jesu, in ihnen wird auch deutlich, wie in Jesus Gottes Licht in unsere Welt strahlt, sie hell und schön macht. Im sogenannten »lichtreichen Rosenkranz« blicken wir auf das Leben Jesu und entdecken in ihm einige dieser lichtvollen Augenblicke.

1. Gesätz: Jesus, der von Johannes getauft worden ist

Lesung (Lk 3,21–22)
Es geschah aber, dass sich zusammen mit dem ganzen Volk auch Jesus taufen ließ. Und während er betete, öffnete sich der Himmel und der Heilige Geist kam sichtbar in Gestalt einer Taube auf ihn herab und eine Stimme aus dem Himmel sprach: Du bist mein geliebter Sohn, an dir habe ich Wohlgefallen gefunden.

Meditation
Die Taufe im Jordan ist der Auftakt des öffentlichen Wirkens des Jesus von Nazaret. Und dieser Auftakt ist mit einem Paukenschlag verbunden: Vor den Augen der am Jordan Wartenden öffnet sich der Himmel und der göttliche Vater bekennt Jesus als seinen geliebten Sohn. Damit ist klar, dass der Zimmermannssohn aus Nazaret kein gewöhnlicher

Mensch ist. Er reiht sich ein in die Schar der Sünder, die von Johannes die Taufe empfangen wollen. Doch er, der in die Fluten des Jordan hinabsteigt, ist uns Menschen in allem gleich geworden – ausgenommen der Sünde. Dadurch konnte er für uns zum Beginn des Heils werden. Dadurch können wir durch ihn zum Vater kommen, denn er ist der Weg, der zum Leben führt.

Stille

Gemeinsam wollen wir das Geheimnis der Taufe Jesu im Jordan in einem Rosenkranzgesätz bedenken.

Lied: *z.B. GL 491 (Ich bin getauft und Gott geweiht)*

2. Gesätz: Jesus, der sich bei der Hochzeit zu Kana offenbart hat

Lesung (Joh 2,1–12)
Am dritten Tag fand in Kana in Galiläa eine Hochzeit statt und die Mutter Jesu war dabei. Auch Jesus und seine Jünger waren zur Hochzeit eingeladen. Als der Wein ausging, sagte die Mutter Jesu zu ihm: Sie haben keinen Wein mehr. Jesus erwiderte ihr: Was willst du von mir, Frau? Meine Stunde ist noch nicht gekommen. Seine Mutter sagte zu den Dienern: Was er euch sagt, das tut! Es standen dort sechs steinerne Wasserkrüge, wie es der Reinigungssitte der Juden entsprach; jeder fasste ungefähr hundert Liter. Jesus sagte zu den Dienern: Füllt die Krüge mit Wasser! Und sie füllten sie bis zum Rand. Er sagte zu ihnen: Schöpft jetzt und bringt es dem, der für das Festmahl verantwortlich ist! Sie brachten es ihm. Dieser kostete das Wasser, das zu Wein geworden war. Er wusste nicht, woher der Wein kam; die Diener aber,

die das Wasser geschöpft hatten, wussten es. Da ließ er den Bräutigam rufen und sagte zu ihm: Jeder setzt zuerst den guten Wein vor und erst, wenn die Gäste zu viel getrunken haben, den weniger guten. Du jedoch hast den guten Wein bis jetzt aufbewahrt. So tat Jesus sein erstes Zeichen, in Kana in Galiläa, und offenbarte seine Herrlichkeit und seine Jünger glaubten an ihn. Danach zog er mit seiner Mutter, seinen Brüdern und seinen Jüngern nach Kafarnaum hinab. Dort blieben sie einige Zeit.

Meditation

»Was er euch sagt, das tut«, leitet Maria die Diener an. Vielleicht würde sie es auch uns heute zurufen: »Was er euch sagt, das tut!« Weil wir so oft vergessen, auf Jesus zu hören; weil wir viel lieber nur auf uns selbst und unser eigenes Leben schauen. Doch der Weinvorrat kann nur wieder aufgefüllt werden, wenn wir auf Jesus vertrauen, wenn wir auf sein Wort hören und auf seine Hände schauen. Denn allzu oft müssen wir uns im Leben mit Wasser begnügen. Der Wein ist ausgegangen, die Festfreude zu Ende. Aber es ist kein endgültiges Ende. Die Feier kann weitergehen und es braucht gar nicht viel dazu. Es reicht, den Rat Mariens zu befolgen: »Was er euch sagt, das tut«.

Stille

Gemeinsam wollen wir das erste Wunder Jesu bei der Hochzeit zu Kana in einem Rosenkranzgesätz bedenken.

Lied: *z.B. GL 427 (Herr, deine Güt ist unbegrenzt)*

3. Gesätz: Jesus, der uns das Reich Gottes verkündet hat

Lesung (Mk 1,14–15)
Nachdem Johannes ausgeliefert worden war, ging Jesus nach Galiläa; er verkündete das Evangelium Gottes und sprach: Die Zeit ist erfüllt, das Reich Gottes ist nahe. Kehrt um und glaubt an das Evangelium!

Meditation
»Das Reich Gottes ist nahe!«: Versucht man, das Leben und Wirken Jesu in einem Satz auf den Punkt zu bringen, dann ist es wohl diese Aussage. Und so sind es auch die ersten Worte Jesu, die uns das Markusevangelium überliefert: »Das Reich Gottes ist nahe«. Jesus aber verkündigt das Reich Gottes nicht nur, er hilft auch dazu, dass es schon hier in dieser Welt konkret wird. Wenn er sich besonders um die Armen und Ausgestoßenen kümmert, wenn er Kranke heilt und Sünden vergibt, dann zeigt er: Das Reich Gottes ist voller Liebe, voller gegenseitiger Annahme und Solidarität. Egoismus und Ausgrenzung gibt es dort nicht mehr. In Gottes Reich gelten alle Menschen etwas, alle sind es wert, am himmlischen Hochzeitsmahl teilzunehmen. Damit ist auch eine Handlungsanweisung an uns verbunden: Wenn wir heute das Reich Gottes anbrechen lassen wollen, dann müssen wir so handeln, wie es Jesus getan hat. Dann müssen wir die Würde eines jeden Menschen erkennen und mithelfen, dass unsere Welt liebevoller und friedlicher wird. Mehr braucht es nicht, damit das Reich Gottes anbrechen kann.

Stille

Gemeinsam wollen wir die Verkündigung Jesu vom Reich Gottes in einem Rosenkranzgesätz bedenken.

Lied: *z.B. GL 360 (Macht weit die Pforten in der Welt)*

4. Gesätz: Jesus, der auf dem Berg verklärt worden ist

Lesung (Lk 9,28–36)

Es geschah aber: Etwa acht Tage nach diesen Worten nahm Jesus Petrus, Johannes und Jakobus mit sich und stieg auf einen Berg, um zu beten. Und während er betete, veränderte sich das Aussehen seines Gesichtes und sein Gewand wurde leuchtend weiß. Und siehe, es redeten zwei Männer mit ihm. Es waren Mose und Elija; sie erschienen in Herrlichkeit und sprachen von seinem Ende, das er in Jerusalem erfüllen sollte. Petrus und seine Begleiter aber waren eingeschlafen, wurden jedoch wach und sahen Jesus in strahlendem Licht und die zwei Männer, die bei ihm standen. Und es geschah, als diese sich von ihm trennen wollten, sagte Petrus zu Jesus: Meister, es ist gut, dass wir hier sind. Wir wollen drei Hütten bauen, eine für dich, eine für Mose und eine für Elija. Er wusste aber nicht, was er sagte. Während er noch redete, kam eine Wolke und überschattete sie. Sie aber fürchteten sich, als sie in die Wolke hineingerieten. Da erscholl eine Stimme aus der Wolke: Dieser ist mein auserwählter Sohn, auf ihn sollt ihr hören. Während die Stimme erscholl, fanden sie Jesus allein. Und sie schwiegen und erzählten in jenen Tagen niemandem von dem, was sie gesehen hatten.

Meditation

»Dieser ist mein geliebter Sohn«: Wie schon bei der Taufe im Jordan ist es auch auf dem Berg der Verklärung die Stimme des göttlichen Vaters, die vom Himmel her erschallt. Jesus erstrahlt vor den Augen der Jünger in göttlichem Licht, er wird ganz augenscheinlich zum Licht für diese Welt. Was sich hier ereignet, ist ein Vorausblick auf Ostern: »Der Menschensohn muss leiden«, wird Jesus den Jüngern beim Abstieg vom Berg erklären. Dank der Verklärung auf dem Berggipfel wissen die Jünger aber schon: Alles Leiden und aller Tod können Jesus nichts anhaben. Das österliche Licht durchbricht die Nacht des Todes, der Vater hebt seinen Sohn aus der Tiefe des Todes und erhöht ihn zu seiner Rechten. Das wissen die Jünger seit der Verklärung auf dem Berg. Aber können sie es auch glauben? Vertrauen sie darauf, dass Gottes Liebe größer ist als menschlicher Hass? Ihre Flucht vor dem Kreuz offenbart, wie wenig sie von Jesus verstanden haben und wie viel sie noch von ihm und über ihn lernen müssen.

Stille

Gemeinsam wollen wir das Geheimnis der Verklärung Jesu auf dem Berg in einem Rosenkranzgesätz bedenken.

Lied: *z.B. GL 363 (Herr, nimm auch uns zum Tabor mit)*

5. Gesätz: Jesus, der uns die Eucharistie geschenkt hat

Lesung (Mk 14,17–25)
Als es Abend wurde, kam Jesus mit den Zwölf. Während sie nun zu Tisch waren und aßen, sagte Jesus: Amen, ich sage euch: Einer von euch wird mich ausliefern, einer, der mit mir isst. Da wurden sie traurig und einer nach dem andern fragte ihn: Doch nicht etwa ich? Er sagte zu ihnen: Einer von euch Zwölf, der mit mir in dieselbe Schüssel eintunkt. Der Menschensohn muss zwar seinen Weg gehen, wie die Schrift über ihn sagt. Doch weh dem Menschen, durch den der Menschensohn ausgeliefert wird! Für ihn wäre es besser, wenn er nie geboren wäre. Während des Mahls nahm er das Brot und sprach den Lobpreis; dann brach er das Brot, reichte es

ihnen und sagte: Nehmt, das ist mein Leib. Dann nahm er den Kelch, sprach das Dankgebet, gab ihn den Jüngern und sie tranken alle daraus. Und er sagte zu ihnen: Das ist mein Blut des Bundes, das für viele vergossen wird. Amen, ich sage euch: Ich werde nicht mehr von der Frucht des Weinstocks trinken bis zu dem Tag, an dem ich von Neuem davon trinke im Reich Gottes.

Meditation
»Ich bin für euch da«: Immer wieder hat Jesus diesen Satz mit Leben erfüllt. Er war für die Menschen in ihren Sorgen und Nöten da. Er hat ihnen ein Wort des Trostes gesagt, er hat ihre Tränen abgewischt, Menschen von ihren Leiden und Krankheiten geheilt. Jesus war für die Menschen da. Am Abend vor seinem Leiden sagt er seinen Jüngern zu: Auch wenn ich jetzt weggehe, auch wenn ich sterben werde, ich bleibe bei euch, ich bin auch in Zukunft für euch da. Das Mahl, das er am Gründonnerstag einsetzt, ist das Zeichen seiner bleibenden Gegenwart. In Brot und Wein ist uns der auferstandene und in den Himmel aufgefahrene Herr in geheimnisvoller Weise nahe. Wenn wir miteinander Eucharistie feiern, dann ist er da. Wenn wir auf die ausgesetzte Hostie in der Monstranz blicken, dann sehen wir ihn. Wenn wir vor dem Tabernakel die Knie beugen, dann bekennen wir: Jesus ist da, er ist in unserer Mitte. So ist die Eucharistie die bleibende Zusage an uns: »Ich bin für euch da«.

Stille

Gemeinsam wollen wir das Geheimnis der Eucharistie, die uns Jesus geschenkt hat, in einem Rosenkranzgesätz bedenken.

Lied: *z.B. GL 282 (Beim letzten Abendmahle)*

Abschlussgebet
Herr Jesus Christus, wir glauben und bekennen, dass du selbst in unserer Mitte bist. Du bist das Licht der Welt, das unsere Finsternis erleuchtet und unsere Todesnacht mit Leben erfüllt. Du nimmst dich unserer Schwachheit an und schenkst uns neue Kraft, du begleitest uns auf unseren Lebenswegen. Wir bitten dich: Bleib bei uns, auferstandener Herr, wenn wir jetzt auseinandergehen. Begleite uns mit deinem Segen und lass uns an allen Tagen unseres Lebens deine heilvolle Nähe spüren. Darum bitten wir dich, der du mit Gott, dem Vater, in der Einheit des Heiligen Geistes lebst und herrschst in alle Ewigkeit. Amen.

Zum schmerzhaften Rosenkranz

Zum schmerzhaften Rosenkranz

Hinführung
»Ich aber will mich allein des Kreuzes Jesu Christi, unseres Herrn, rühmen, durch das mir die Welt gekreuzigt ist und ich der Welt« (Gal 6,14): Im Kreuz des Herrn erblickt Paulus den Grund des Heiles und der Erlösung. Das Kreuz Jesu ist für uns Christen ein Grund, uns zu rühmen: Denn in ihm hat sich Gott der Menschen erbarmt, am Kreuz breitet Christus seine Arme aus, um alle an sich zu ziehen. Wir blicken auf das Kreuz, denn in unseren Kirchen und Häusern hat es einen besonderen Platz. Es ist das Zeichen unseres Glaubens. Und wir dürfen es immer neu in den Blick nehmen, uns immer neu darauf besinnen. Damit wir nie den Grund verlieren, auf dem wir stehen: Dass Gott uns in seinem Sohn Leben und Liebe in Fülle schenkt.

1. Gesätz: Jesus, der für uns Blut geschwitzt hat

Lesung (Lk 22,39–46)
Nach dem Mahl verließ Jesus die Stadt und ging, wie er es gewohnt war, zum Ölberg; seine Jünger folgten ihm. Als er dort war, sagte er zu ihnen: Betet, dass ihr nicht in Versuchung geratet! Dann entfernte er sich von ihnen ungefähr einen Steinwurf weit, kniete nieder und betete: Vater, wenn du willst, nimm diesen Kelch von mir! Aber nicht mein, sondern dein Wille soll geschehen. Da erschien ihm ein Engel vom Himmel und stärkte ihn. Und er betete in seiner Angst noch inständiger und sein Schweiß war wie Blut, das auf die Erde tropfte. Nach dem Gebet stand er auf, ging zu den Jüngern zurück und fand sie schlafend; denn sie waren vor Kummer erschöpft. Da sagte er zu ihnen: Wie könnt ihr schlafen? Steht auf und betet, damit ihr nicht in Versuchung geratet!

Meditation
Ängste begleiten unser ganzes Leben. So vieles ängstigt und bedrängt uns, mit großer Sorge blicken wir auf die Zukunft unserer Welt und Gesellschaft. Wie wird es weitergehen? Werden Gewalt und Hass immer mehr zunehmen? Wird es immer mehr Terror und Krieg geben? Es gibt beinahe keinen Tag, an dem uns nicht neue Schreckensmeldungen in Angst versetzen. Ein Leben ohne Angst wäre schön – aber es bleibt wohl eine utopische Vorstellung.

Jesus teilt unsere Ängste, weil er selbst erfährt, was es bedeutet, Angst zu haben. Am Abend vor seinem Leiden zieht er sich mit seinen Jüngern in den Garten Getsemani zurück. Und er leidet Todesängste, denn er weiß, was ihn erwarten wird. Aber die Angst Jesu am Ölberg ist keine hoffnungslose, keine aussichtslose Angst. Sie ist getragen vom Gebet und von der vertrauenden Hingabe an den Vater. Jesus weiß, wenn er sich Gott ganz anvertraut, wird alles gut werden. Er spürt die sorgende Nähe des Vaters. Selbst in der größten Angst ist er nicht alleine, denn der Ich-bin-da steht ihm zur Seite.

Stille

Gemeinsam wollen wir das Geheimnis des Betens Jesu am Ölberg in einem Rosenkranzgesätz bedenken.

Lied: *z.B. GL 292 (Fürwahr, er trug unsre Krankheit)*

2. Gesätz: Jesus, der für uns gegeißelt worden ist

Lesung (Mt 20,17–19)
Als Jesus nach Jerusalem hinaufzog, nahm er die zwölf Jünger beiseite und sagte unterwegs zu ihnen: Siehe, wir gehen

nach Jerusalem hinauf; und der Menschensohn wird den Hohepriestern und Schriftgelehrten ausgeliefert; sie werden ihn zum Tod verurteilen und den Heiden ausliefern, damit er verspottet, gegeißelt und gekreuzigt wird; und am dritten Tag wird er auferweckt werden.

Meditation
Jesus lässt die Jünger nicht unvorbereitet in die Tage seines Leidens und Sterbens gehen. Mehrmals, so erzählen es die Evangelien, kündigt er seinen Tod an. Er zeigt den Jüngern, was sie in Jerusalem erwarten wird. Er will, dass sie wissen, was auf den Menschensohn zukommt, wenn er in seine Stadt einzieht. Jesus sorgt sich um die, die ihm anvertraut sind. Er eröffnet ihnen das Geheimnis seines Leidens und Sterbens und verweist sie auf seine Auferstehung. Vorbereitet können sie in die Karwoche hineingehen.

Doch es scheint, dass die Jünger die Worte Jesu nicht allzu ernst nehmen. Als die Soldaten Jesus gefangen nehmen, ergreifen sie die Flucht, die Angst vor dem Ungewissen überfällt sie. Was sich da in Jerusalem ereignet, können sie nicht einordnen. Sie treten den Rückzug an. Und manchmal geht es uns genauso wie den Jüngern. Wir wissen, was Jesus uns verheißt. Wir kennen die Zusagen des kommenden Gottesreiches und die Verheißung des Lebens in der kommenden Welt. Doch wenn es hart auf hart kommt, verzweifeln wir oft und wissen nicht mehr weiter. Beten wir deshalb: »Wenn mir am allerbängsten wird um das Herze sein, so reiß mich aus den Ängsten kraft deiner Angst und Pein.« (GL 289, 7. Strophe)

Stille

Gemeinsam wollen wir das Geheimnis der Gefangennahme und Geißelung Jesu in einem Rosenkranzgesätz bedenken.

Lied: *z.B. GL 289 (O Haupt voll Blut und Wunden)*

3. Gesätz: Jesus, der für uns mit Dornen gekrönt worden ist

Lesung (Mk 15,16–20)
Die Soldaten führten ihn ab, in den Hof hinein, der Prätorium heißt, und riefen die ganze Kohorte zusammen. Dann legten sie ihm einen Purpurmantel um und flochten einen Dornenkranz; den setzten sie ihm auf und grüßten ihn: Sei gegrüßt, König der Juden! Sie schlugen ihm mit einem Stock auf den Kopf und spuckten ihn an, beugten die Knie und huldigten ihm. Nachdem sie so ihren Spott mit ihm getrieben hatten, nahmen sie ihm den Purpurmantel ab und zogen ihm seine eigenen Kleider wieder an. Dann führten sie Jesus hinaus, um ihn zu kreuzigen.

Meditation
Das Königreich Jesu ist nicht von dieser Welt. Jesus ist kein König, der sich nach irdischen Maßstäben beurteilen lässt. Als die Menschen ihn zum König ausrufen wollen, da versteckt er sich vor ihnen und zieht sich in die Einsamkeit zurück. Petrus bekennt ihn als den Messias, aber Jesus verbietet ihm, in der Öffentlichkeit darüber zu sprechen. Jesus will nicht als politischer Heilsbringer missverstanden werden. Seine Botschaft geht über diese Welt hinaus und verweist in eine andere, viel größere Welt. Er ist der Künder der nahegekommenen Gottesherrschaft, der Sohn des höchsten Gottes. Unser menschlicher Königs-Titel würde ihm nicht gerecht werden.

Auf verborgene Weise offenbart sich, wer dieser Jesus ist: Die Soldaten wollen ihren Spaß mit ihm treiben und setzen ihm deshalb eine Dornenkrone aufs Haupt. So wird in den letzten Lebensstunden die königliche Würde Jesu öffentlich bekannt. Doch er trägt kein kostbares Diadem, seine Krone besteht aus Dornen. Er hat keinen Hofstaat, Soldaten beugen spottend vor ihm die Knie. Er besitzt keinen goldglänzenden Thron, erhöht am Kreuz geht er in seine Königsherrschaft ein. Jesus ist ein König, aber einer, der nicht von dieser Welt ist.

Stille

Gemeinsam wollen wir das Geheimnis der Dornenkrönung Jesu in einem Rosenkranzgesätz bedenken.

Lied: *z.B. GL 290 (Herzliebster Jesu)*

4. Gesätz: Jesus, der für uns das schwere Kreuz getragen hat

Lesung (Mt 16,21–24)
Von da an begann Jesus, seinen Jüngern zu erklären: Er müsse nach Jerusalem gehen und von den Ältesten und Hohepriestern und Schriftgelehrten vieles erleiden, getötet und am dritten Tag auferweckt werden. Da nahm ihn Petrus beiseite und begann, ihn zurechtzuweisen, und sagte: Das soll Gott verhüten, Herr! Das darf nicht mit dir geschehen! Jesus aber wandte sich um und sagte zu Petrus: Tritt hinter mich, du Satan! Ein Ärgernis bist du mir, denn du hast nicht das im Sinn, was Gott will, sondern was die Menschen wollen. Darauf sagte Jesus zu seinen Jüngern: Wenn einer hinter mir hergehen will, verleugne er sich selbst, nehme sein Kreuz auf sich und folge mir nach.

Meditation

Noch auf seinem letzten Lebensweg beruft Jesus Menschen in seine Nachfolge. Den Simon, der gerade vom Acker kommt und auf dem Nachhauseweg ist, ereilt der drängende Ruf: »Folge mir nach!« Doch bei genauerer Betrachtung zeigt sich, dass der Ruf in Wirklichkeit eine Tat ist. Die Soldaten laden ihm das Kreuz auf, das Jesus nicht mehr tragen kann. Und Simon nimmt es ihm geduldig ab, lädt es auf seine Schultern und trägt es ein Stück hinauf zum Ort der Hinrichtung. Die letzte Jüngerberufung geschieht ohne Worte.

Wer Jesus hinterhergehen will, der darf sich nicht scheuen, das Kreuz zu tragen. Sehr häufig begegnet dieses Wort Jesu in den Evangelien. Es zeigt, wie wichtig dieser Aspekt in der Nachfolge ist. Die Bereitschaft zum Kreuztragen ist die Voraussetzung, damit man überhaupt ein Jünger Jesu werden kann. Wer in der Nachfolge Jesu steht, der darf nicht zurückschrecken vor den großen und kleinen Kreuzen des Alltags. Vielmehr gilt es, sie anzunehmen und im Glauben zu ertragen. Die Kraft, die man dazu braucht, finden wir in Christus selbst. Weil er das Kreuz für uns auf sich genommen hat, weil er es bis nach Golgota hinaufgetragen hat und an ihm gestorben ist. Deshalb dürfen wir die Kreuze mutig auf uns nehmen im Vertrauen darauf, dass er uns die Kraft schenkt, sie zu tragen und zu ertragen.

Stille

Gemeinsam wollen wir das Geheimnis des Kreuztragens Jesu in einem Rosenkranzgesätz bedenken.

Lied: *z.B. GL 291 (Holz auf Jesu Schulter)*

5. Gesätz: Jesus, der für uns gekreuzigt worden ist

Lesung (Mk 15,33–37)

Als die sechste Stunde kam, brach eine Finsternis über das ganze Land herein – bis zur neunten Stunde. Und in der neunten Stunde schrie Jesus mit lauter Stimme: Eloï, Eloï, lema sabachtani?, das heißt übersetzt: Mein Gott, mein Gott, warum hast du mich verlassen? Einige von denen, die dabeistanden und es hörten, sagten: Hört, er ruft nach Elija! Einer lief hin, tauchte einen Schwamm in Essig, steckte ihn auf ein Rohr und gab Jesus zu trinken. Dabei sagte er: Lasst, wir wollen sehen, ob Elija kommt und ihn herabnimmt. Jesus aber schrie mit lauter Stimme. Dann hauchte er den Geist aus.

Meditation

»Für uns Menschen und zu unserem Heil ist er vom Himmel gekommen, hat Fleisch angenommen durch die Jungfrau Maria und ist Mensch geworden«, so bekennen wir im großen Glaubensbekenntnis. »Für uns Menschen und zu unserem Heil« stirbt Jesus am Kreuz. Sein Tod ist kein Tod für sich, in seinem Sterben gibt er sich für uns hin, damit wir in ihm das Leben finden.

Christus geht dem Tod mit offenen Augen entgegen. Er weiß, was ihn auf Golgota erwartet. Vielmehr aber weiß er, was ihm im Augenblick seines Todes widerfahren wird. Nach der Theologie des Johannesevangeliums ist die Kreuzigung Jesu der Augenblick seiner Erhöhung. Von der Erde erhöht, zieht der gekreuzigte Christus alle an sich. Sein Sterben am Kreuz ist kein Verlust und keine Niederlage. Gerade im Kreuzestod liegt sein Eingehen in die himmlische Herrlichkeit begründet. Im Sterben ist das Leben geboren, in der Dunkelheit des Todes strahlt das österliche Licht auf. Deshalb dürfen wir das Kreuz nicht isoliert betrachten. Wir müssen es im Zusammenhang mit dem ganzen Leben Jesu bedenken. Nur dann können wir erkennen, dass sein Sterben ein Tod »für uns und zu unserem Heil« ist. Dass in seinem Tod ein Leben geboren wird, das kein Ende mehr kennt und an dem er uns Anteil schenken will.

Stille

Gemeinsam wollen wir das Geheimnis der Kreuzigung Jesu in einem Rosenkranzgesätz bedenken.

Lied: *z.B. GL 297 (Wir danken dir, Herr Jesu Christ)*

Abschlussgebet
Allmächtiger Gott, dein Sohn Jesus Christus ist am Kreuz gestorben und von den Toten glorreich auferstanden. Wir bitten dich: Führe uns durch die Leiden dieser Zeit hin zur ewigen Freude, die du uns bereitet hast in deinem himmlischen Reich. Darum bitten wir dich durch Christus, unseren Herrn, im Heiligen Geist.

Zum trostreichen Rosenkranz

Zum trostreichen Rosenkranz

Hinführung
Die Geheimnisse des trostreichen Rosenkranzes gehören nicht zu den »klassischen« Rosenkranzgesätzen. In das alte »Gotteslob« haben sie Eingang gefunden, auch im neuen »Gotteslob« sind sie wieder enthalten. Im trostreichen Rosenkranz betrachten wir keine Ereignisse im Leben Jesu. Sie lenken vielmehr unseren Blick auf das Ende der Welt und rücken die endzeitliche Königsherrschaft Jesu in den Blick. »Trostreich« sind die Geheimnisse deshalb, weil sie uns zeigen: Unsere Welt läuft nicht ins Nichts, am Ende ist nicht einfach alles aus und vorbei. Die Welt und damit auch unser Leben wird zur Vollendung geführt. Christus kommt wieder; er, der König der ewigen Herrlichkeit, der uns in sein Reich einlädt und in die Herrlichkeit Gottes, des Vaters, ruft. Bei aller Not und Bedrängnis, die wir auch in dieser Zeit erfahren müssen, im Blick auf das Ende dürfen wir neue Kraft schöpfen, zuversichtlich und erhobenen Hauptes dem wiederkommenden Christus entgegengehen.

1. Gesätz: Jesus, der als König herrscht

Lesung (Joh 18,33–37)
Da ging Pilatus wieder in das Prätorium hinein, ließ Jesus rufen und fragte ihn: Bist du der König der Juden? Jesus antwortete: Sagst du das von dir aus oder haben es dir andere über mich gesagt? Pilatus entgegnete: Bin ich denn ein Jude? Dein Volk und die Hohepriester haben dich an mich ausgeliefert. Was hast du getan? Jesus antwortete: Mein Königtum ist nicht von dieser Welt. Wenn mein Königtum von dieser Welt wäre, würden meine Leute kämpfen, damit ich den Juden nicht ausgeliefert würde. Nun aber ist mein Königtum

nicht von hier. Da sagte Pilatus zu ihm: Also bist du doch ein König? Jesus antwortete: Du sagst es, ich bin ein König. Ich bin dazu geboren und dazu in die Welt gekommen, dass ich für die Wahrheit Zeugnis ablege. Jeder, der aus der Wahrheit ist, hört auf meine Stimme.

Meditation

In der Basilika St. Michael im oberbayerischen Altenstadt hängt ein besonderes Kreuz: Am Kruzifix, das im 13. Jahrhundert entstanden ist, hängt Jesus – aber nicht als Leidender, sondern mit einem goldenen Reif um das Haupt. Der sogenannte »Große Gott von Altenstadt« zeigt Jesus als Erlöser, als König. In dieser eindrücklichen Darstellung wird das Geheimnis des Karfreitags deutlich: Die Erhöhung Jesu am Kreuz ist der Anbeginn seiner Königsherrschaft. Jesus ist ein König, so antwortet er dem Pilatus. Aber sein Königreich ist nicht von dieser Welt. Das Königsein Jesu erschließt sich nicht mit irdischen Maßstäben. Jesus ist kein König wie die Monarchen und Herrscher, die es bis heute gibt. Das Königtum Jesu offenbart sich im Geheimnis des Kreuzes. Dort, auf Golgota, von der Erde erhöht, zeigt sich, wer Jesus wirklich ist: der Ursprung von allem, der Erstgeborene der Toten (vgl. Kol 1,18).

Stille

Gemeinsam wollen wir das Geheimnis der Königsherrschaft Jesu in einem Rosenkranzgesätz bedenken.

Lied: *z.B. GL 370 (Christus, du Herrscher Himmels und der Erde)*

2. Gesätz: Jesus, der in seiner Kirche lebt und wirkt

Lesung (Joh 15,1–8)
Ich bin der wahre Weinstock und mein Vater ist der Winzer. Jede Rebe an mir, die keine Frucht bringt, schneidet er ab und jede Rebe, die Frucht bringt, reinigt er, damit sie mehr Frucht bringt. Ihr seid schon rein kraft des Wortes, das ich zu euch gesagt habe. Bleibt in mir und ich bleibe in euch. Wie die Rebe aus sich keine Frucht bringen kann, sondern nur, wenn sie am Weinstock bleibt, so auch ihr, wenn ihr nicht in mir bleibt. Ich bin der Weinstock, ihr seid die Reben. Wer in mir bleibt und in wem ich bleibe, der bringt reiche Frucht; denn getrennt von mir könnt ihr nichts vollbringen. Wer nicht in mir bleibt, wird wie die Rebe weggeworfen und er verdorrt. Man sammelt die Reben, wirft sie ins Feuer und sie verbrennen. Wenn ihr in mir bleibt und meine Worte in euch bleiben, dann bittet um alles, was ihr wollt: Ihr werdet es erhalten. Mein Vater wird dadurch verherrlicht, dass ihr reiche Frucht bringt und meine Jünger werdet.

Meditation
Die Kirche ist kein Selbstzweck, die Kirche kreist auch nicht nur um sich selbst. Wir glauben und bekennen, dass Jesus in seiner Kirche bleibend gegenwärtig ist. Er, der Menschen in seine Nachfolge berufen hat, ist auch bleibend bei ihnen. Jesus weicht seinen Jüngern nicht von der Seite, er ist dort zugegen, wo sie sein Evangelium verkünden und das Gedächtnis an seinen Tod und seine Auferstehung feiern. Jesus lebt und wirkt in seiner Kirche. Durch die Taufe sind wir Glieder dieser Kirche geworden, wir wurden eingesenkt in das Leben des dreifaltigen Gottes. Es ist daher auch unsere Aufgabe, die Menschen in Verbindung mit Jesus zu bringen, ihnen von Jesus zu erzählen und das Gottesreich in unserer Mitte

anbrechen zu lassen. Das Bild vom Weinstock erinnert uns daran, dass wir uns immer wieder unsere bleibende Verbindung mit Christus bewusst machen und aus ihm heraus gute Früchte bringen.

Stille

Gemeinsam wollen wir das Geheimnis der bleibenden Gegenwart Jesu in seiner Kirche in einem Rosenkranzgesätz bedenken.

Lied: *z.B. GL 364 (Schönster Herr Jesu)*

3. Gesätz: Jesus, der wiederkommen wird in Herrlichkeit

Lesung (Lk 21,25–33)
In jenen Tagen sagte Jesus: Es werden Zeichen sichtbar werden an Sonne, Mond und Sternen und auf der Erde werden die Völker bestürzt und ratlos sein über das Toben und Donnern des Meeres. Die Menschen werden vor Angst vergehen in der Erwartung der Dinge, die über den Erdkreis kommen; denn die Kräfte des Himmels werden erschüttert werden. Dann wird man den Menschensohn in einer Wolke kommen sehen, mit großer Kraft und Herrlichkeit. Wenn dies beginnt, dann richtet euch auf und erhebt eure Häupter; denn eure Erlösung ist nahe. Und er sagte ihnen ein Gleichnis: Seht euch den Feigenbaum und die anderen Bäume an: Sobald ihr merkt, dass sie Blätter treiben, erkennt ihr, dass der Sommer nahe ist. So erkennt auch ihr, wenn ihr das geschehen seht, dass das Reich Gottes nahe ist. Amen, ich sage euch: Diese Generation wird nicht vergehen, bis alles geschieht. Himmel und Erde werden vergehen, aber meine Worte werden nicht vergehen.

Meditation

Schreckliche Dinge sagt uns Jesus für den Anbruch der Endzeit voraus. Zeichen am Firmament, Erde und Menschen werden ganz und gar in Angst und Schrecken versetzt sein. Wahrlich keine rosigen Aussichten, für das, was wir am Ende dieser Welt erwarten. Aber Jesus bleibt nicht bei der Schilderung eines Schreckensszenarios stehen. Ihm geht es nicht darum, den Menschen noch mehr Angst zu machen. Vielmehr ist es Jesus ein Anliegen, die Hoffnung seiner Zuhörer zu mehren. Und das geschieht dadurch, dass Jesus nachdrücklich festhält: Am Ende stehen nicht diese furchtbaren Ereignisse, steht nicht eine zerstörte und in Angst verfallene Welt. Am Ende steht Gott, der in seiner übergroßen Liebe die Welt zur Vollendung führt und seine neue Welt aufrichtet, in der es weder Leid noch Tod gibt. Deshalb müssen wir Menschen auch nicht ängstlich und verzagt auf diese Endzeit zugehen. Zuversichtlich dürfen wir unser Haupt erheben, voll Freude in die Zukunft ausschauen – und ihn erwarten, Jesus Christus, der kommt, um die Welt zu erlösen.

Stille

Gemeinsam wollen wir das Geheimnis der Wiederkunft Christi in einem Rosenkranzgesätz bedenken.

Lied: *z.B. GL 552 (Herr mach uns stark im Mut, der dich bekennt)*

4. Gesätz: Jesus, der richten wird die Lebenden und die Toten

Lesung (Mt 25,31–46)

Wenn der Menschensohn in seiner Herrlichkeit kommt und alle Engel mit ihm, dann wird er sich auf den Thron seiner Herrlichkeit setzen. Und alle Völker werden vor ihm versammelt werden und er wird sie voneinander scheiden, wie der Hirt die Schafe von den Böcken scheidet. Er wird die Schafe zu seiner Rechten stellen, die Böcke aber zur Linken. Dann wird der König denen zu seiner Rechten sagen: Kommt her, die ihr von meinem Vater gesegnet seid, empfangt das Reich als Erbe, das seit der Erschaffung der Welt für euch bestimmt ist! Denn ich war hungrig und ihr habt mir zu essen gegeben; ich war durstig und ihr habt mir zu trinken gegeben; ich war fremd und ihr habt mich aufgenommen; ich war nackt und ihr habt mir Kleidung gegeben; ich war krank und ihr habt mich besucht; ich war im Gefängnis und ihr seid zu mir gekommen. Dann werden ihm die Gerechten antworten und sagen: Herr, wann haben wir dich hungrig gesehen und dir zu essen gegeben oder durstig und dir zu trinken gegeben? Und wann haben wir dich fremd gesehen und aufgenommen oder nackt und dir Kleidung gegeben? Und wann haben wir dich krank oder im Gefängnis gesehen und sind zu dir gekommen? Darauf wird der König ihnen antworten: Amen, ich sage euch: Was ihr für einen meiner geringsten Brüder getan habt, das habt ihr mir getan. Dann wird er zu denen auf der Linken sagen: Geht weg von mir, ihr Verfluchten, in das ewige Feuer, das für den Teufel und seine Engel bestimmt ist! Denn ich war hungrig und ihr habt mir nichts zu essen gegeben; ich war durstig und ihr habt mir nichts zu trinken gegeben; ich war fremd und ihr habt mich nicht aufgenommen; ich war nackt und ihr habt mir keine Kleidung gegeben; ich war krank und im Gefängnis und ihr habt mich nicht besucht. Dann werden auch sie antworten: Herr, wann haben wir dich hungrig oder durstig oder fremd oder nackt oder krank oder im Gefängnis gesehen und haben dir nicht geholfen? Darauf wird er ihnen antworten: Amen, ich sage euch: Was ihr für einen dieser Geringsten nicht getan habt, das habt ihr auch mir nicht getan. Und diese werden weggehen zur ewigen Strafe, die Gerechten aber zum ewigen Leben.

Meditation
Allzu oft gehen wir an den Menschen, die in Not sind, unachtsam vorüber. Manchmal nehmen wir sie schon gar nicht mehr wahr. So viel Leid gibt es in unserer Welt, auch in unserer nächsten Umgebung. Jesus trägt uns auf, ihre Sorgen zu unseren eigenen zu machen. Weil er sich der Menschen angenommen und ihre Not gelindert hat, dürfen auch wir nicht achtlos an ihnen vorübergehen. Manchmal meinen wir, für unser Christsein reicht es aus, möglichst häufig den Gottesdienst zu besuchen oder fromme Bücher zu lesen. Das gehört alles dazu, aber es darf nicht nur auf der theoretische Ebene bleiben. Christsein ist zuerst der Dienst am Nächsten, die Sorge um die Leiden und Nöte der Menschen. Dadurch wird es möglich, Christus, dem Herrn, zu begegnen. Es braucht nicht viel, um Christus auch in unserem Leben zu entdecken. Manchmal reicht der Blick nach rechts oder links, um wieder neu unsere Mitmenschen zu sehen und das zu erkennen, was sie im Innersten bewegt und bedrückt. In ihnen ist Christus uns ganz nahe. Wir müssen nur den Mut haben, ihn in unserem Leben immer neu zu entdecken.

Stille

Gemeinsam wollen wir das Geheimnis des endzeitlichen Gerichts in einem Rosenkranzgesätz bedenken.

Lied: *z.B. GL 549 (Es wird sein in den letzten Tagen)*

5. Gesätz: Jesus, der alles vollenden wird

Lesung (Mt 28,16–20)

Die elf Jünger gingen nach Galiläa auf den Berg, den Jesus ihnen genannt hatte. Und als sie Jesus sahen, fielen sie vor ihm nieder, einige aber hatten Zweifel. Da trat Jesus auf sie zu und sagte zu ihnen: Mir ist alle Vollmacht gegeben im Himmel und auf der Erde. Darum geht und macht alle Völker zu meinen Jüngern; tauft sie auf den Namen des Vaters und des Sohnes und des Heiligen Geistes und lehrt sie, alles zu befolgen, was ich euch geboten habe. Und siehe, ich bin mit euch alle Tage bis zum Ende der Welt.

Meditation

Das Matthäusevangelium endet mit einer wunderbaren Zusage: Ich bin bei euch bis zum Ende der Welt. Jesus, der auferstandene Herr, fährt in den Himmel auf. Er ist den Augen der Jünger entzogen. Doch Jesus ist nicht einfach weg, er bleibt, er ist da, er ist mitten unter uns gegenwärtig. Jesus begleitet uns auf unseren Wegen durch die Zeit, bis hin zur Ewigkeit. Er lässt die Menschen nicht alleine. Damit löst er auf geheimnisvolle Weise das ein, was Gott dem Mose im brennenden Dornbusch offenbart hat: »Ich bin der Ich-bin«. In Jesus ist uns Gott ganz nahe gekommen, er hat unser Menschsein angenommen und es erlöst. In Jesus dürfen wir erfahren: Gott ist wirklich da, er geht unsere Menschenwege wirklich mit. Und noch vielmehr: Obwohl der auferstandene Herr in den Himmel aufgefahren ist, sagt er uns doch seine bleibende Nähe zu. Es ist tröstlich zu wissen, dass wir nicht alleine auf dem Weg sind. Gott ist mit uns, der auferstandene Gekreuzigte begleitet die Menschen und führt sie zur Vollendung in seinem Reich. In der größten Not ist er da, selbst in der Finsternis des Todes verlässt er uns nicht. Deswegen dürfen wir zuversichtlich auf all das zugehen, was vor uns liegt. Der Auferstandene steht uns zur Seite – bis zum Ende dieser Welt.

Stille

Gemeinsam wollen wir das Geheimnis der Vollendung der Welt in einem Rosenkranzgesätz bedenken.

Lied: *z.B. 375 (Gelobt seist du, Herr Jesu Christ)*

Abschlussgebet
Allmächtiger, ewiger Gott, miteinander haben wir die Geheimnisse des trostreichen Rosenkranzes betrachtet und mit den Augen Marias auf Christus geblickt. Mit Maria haben wir uns an das Leben Jesu erinnert, wir haben auf sein Wort gehört und die Zusage seines Mitgehens betrachtet. Guter Gott, wir bitten dich: Mache uns fähig, immer wieder auf das Leben deines Sohnes zu blicken, damit wir nie vergessen, zu welcher Hoffnung wir berufen sind. Tröste uns durch deinen Sohn, damit wir selbst füreinander zum Trost in Trauer und zur Freude in der Not sein können. Darum bitten wir dich durch Christus, unseren Herrn, in der Einheit des Heiligen Geistes.

Bildnachweis